전면개정판 제36회 공인중개사 시험대비

박문각
공인중개사

강철의 샘의 보물노트

2차 부동산공시법령

강철의 편저

합격까지 박문각
합격 노하우가 다르다!

| 제1편 | 지적법 체계도 |

| 제1장 | 총칙 |

1절 용어정리

2절 기본이념

핵심테마
| 제2장 | 토지의 등록 |

1절 1필지 → 성립요건 (= 합병요건)

① 지번**부여**지역동일 ② **소유자**동일 ③ 지**목**동일 ④ **축척**동일 ⑤ 물리적**연속**
⑥ **등**기여부동일 (부여 소,목,축, 연,등)

2절 4가지 구성요소(지번,지목,경계,면적)

① **지번**★ (지적공부 모두등록)
    ㉠ 표기 : 아라비아(100),단 임야대장(임야도) 산100
    ㉡ 구성 : 본번(7),부번(−1.−2)
    ㉢ 부여방법
        ❶ 신규등록 = 등록전환 : 등신부, 여인멀리 = 본번
        ❷ 분할 : 부부다
        ❸ 합병 = 병신
        ❹ 지적확정측량지역 = 지,축,행, 본번으로 확정
② **지목**★ (목,도,장)
    ㉠ 원칙(영속성등)
    ㉡ **종류**(28가지,다만)
    ㉢ **표기방법** (토지대장 : 정식명칭, 도면 : 부호(차,장,천,원)
③ **경계**★ (도면에만)
    ㉠ 기준(고저무중,고하,절상,바다만조,공유바깥)
    ㉡ 분할시 경계결정 : 공사계판,
    ㉢ 지상경계점등록부 : 소,지.목,경계점종,좌,사,위
④ **면적**★ (토지(임야)대장에만)
    ㉠ 측정대상 : 복,현이 지,목이 합병, 환산하면 면적측정×
    ㉡ **산출방식**★ (경좌 + 1/600 = $0.1m^2$, 1/1000~ 1/6000 = $1m^2$)

제3장 지적공부의 종류별 고유한 등록사항

구분★		소재, 지번	(고)유 번호	지((목)) = ((축))척	(면) 적	좌 표	경 계	(소)유자	소유권 (지분))	대지권 비율	고유한 등록 사항
대 장	토지, 임야대장	●	●	(장) (정식명칭)	●	×	×	●	×	×	토지(이동)사유 (면)적 (개)별공시지가
	공유지 연명부	●	●	×	×	×	×	●	●공	×	(고)(소),(지분) +면,목,도번 ×
	대지권 등록부	●	●	×	×	×	×	●	●대	●	(건)물의 명칭 (전)유건물표시 (대)지권(비)율
경계점좌표 등록부		●	●	×	×	●	×	×	×	×	(번호)(부)호(좌)표
도 면	지적도, 임야도	●	×(도)	(도) (부호) 차,장, 천,원	×	×	●	×	×	×	(경)계 (생)인도. (도)곽선과 수치 좌표 (거)리 지적기준점(위)치 건축물의 (위)치

● 암기: 소,지 는 공통,(고)(도)리 없다.(목)(도)(장) = (축)도장 (소) 대장, (지분)은 공,대에만

※ 지적공부의 복구 : 복구 (결과)는 가능하나, 복구 (계획),(준비), (의뢰)는 안 된다.

※ 부동산 종합증명서 : (소),(표),(이용),(권),(가격)

● 축척변경의 절차(암 : 2/3동,20시,30경,청산가리15개,고통20배,6,6,1)

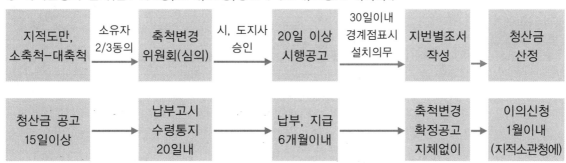

제 4 장　토지이동의 종류별 특징

종류	대상토지	신청의무 (60일)	지적측량 (경계,면적)	등기 촉탁	소유자 변동	특징
신규 등록	공유수면매립지	○	○	×		1) '(등)'나오면 틀린다 2) 등기촉탁×
등록 전환	(산)(계획),(임)	○	○	○		1) (초권),(이등)
분할	1) (소)유권이전 2) (경)계시정 3) (매)매 4) (용)도변경	1) 원칙 : × 2) 용도변경 ○	○	○	없다	지목(용도) 변경시 60일 신청의무
합병	부여,소,목,축,연,등, 신,임,창,용, 승	1) 원칙 : × 2) 주공,수,학,도, 철저하,구,유,공,공,체(짝수)	×	○		지적측량 ×
지목 변경	형질+용도+합병	○	×	○		지적측량 ×
바다 말소	1) 원상회복 × 2) 다른지목 ×	90일	전부 일부	○		측량비용부담 ×

● 등록사항의 오류정정

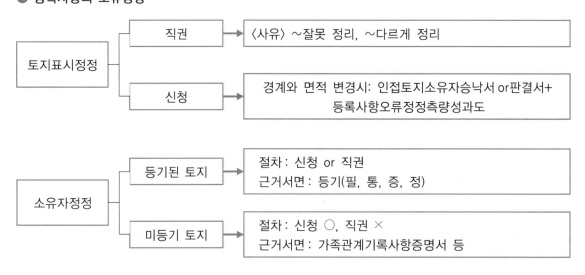

토지표시정정
- 직권 → 〈사유〉 ~잘못 정리, ~다르게 정리
- 신청 → 경계와 면적 변경시: 인접토지소유자승낙서 or판결서+ 등록사항오류정정측량성과도

소유자정정
- 등기된 토지 → 절차 : 신청 or 직권 / 근거서면 : 등기(필, 통, 증, 정)
- 미등기 토지 → 절차 : 신청 ○, 직권 × / 근거서면 : 가족관계기록사항증명서 등

제 5 장　지적측량절차

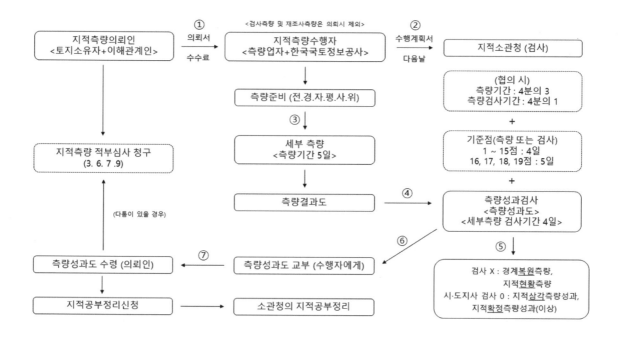

● **지적측량적부심사청구절차 〈암기 : 3,6,7,9〉** 꼭 꼭 기억하세요!

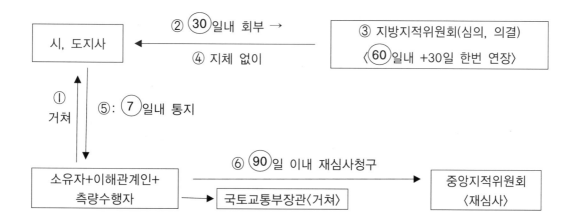

1. 토지의 표시사항은

⇨ (소)(지)(목) (경)(좌)(면)이다★

① (소)재 ② (지)번 ③ 지(목) ④ (경)계 ⑤ (좌)표 ⑥ (면)적

문제 **1**

법률에서 규정한 용어의 정리로서 토지의 표시에 해당하는 것은?   18회

① 소유자   ② 도면번호
③ 대장의 장번호   ④ 개별공시지가
⑤ 경계 또는 좌표

정답 ⑤

---

2. 지적공부는 (토),(임),(공),(대),(좌),(지),(임) 이다

⇨ 지적공부에 대장에는 ① (토)지대장, ② (임)야대장, ③ (공)유지연명부, ④ (대)지권등록부

가 있고 ⑤ 경계점(좌)표등록부와, ⑥ (지)적도, ⑦ (임)야도가 있다.

문제 **2**

다음 중 「공간정보의 구축 및 관리에 관한 법령」의 법정지적공부로만 나열된 것은?   20회

① 토지대장, 지적도, 임야대장, 임야도, 경계점좌표등록부
② 토지대장, 등기부, 결번대장, 임야대장, 임야도
③ 토지대장, 색인도, 등기필정보, 경계점좌표등록부
④ 토지대장, 임야도, 면적측정부, 지적측량원도
⑤ 지적도, 일람도, 등기부, 등기사항증명서

정답 ①

---

3. (표)대장,(권)등기

① 토지의 (표)시사항(= 지목, 면적등)은 (대장)이 기준이 되어 등기부를 정리하고,

② (권)리관계(= 소유자)는 (등기)부가 기준이 되어 지적공부를 정리한다.

지문 ① 지적소관청은 지적공부와 등기기록의 **토지표시**에 관한 사항이 불일치하는 경우 **지적공부
(등기부×)를 기준**으로 하여 등기부(지적공부×)를 정리하여야 한다.

지문 ② 지적소관청은 지적공부와 등기기록의 **소유권에 관한** 사항이 불일치하는 경우 **등기부(지적
공부×)를 기준**으로 하여 지적공부(등기부×)를 정리하여야 한다.

4. 토지의 조사, 등록

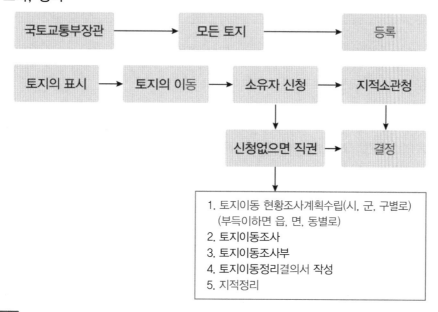

```
국토교통부장관 ──→ 모든 토지 ──→ 등록

토지의 표시 ──→ 토지의 이동 ──→ 소유자 신청 ──→ 지적소관청
                                    │                │
                                    ↓                ↓
                              신청없으면 직권 ──→ 결정
                                    │
                                    ↓
        ┌─────────────────────────────────────────────┐
        │ 1. 토지이동 현황조사계획수립(시, 군, 구별로)      │
        │    (부득이하면 읍, 면, 동별로)                  │
        │ 2. 토지이동조사                               │
        │ 3. 토지이동조사부                             │
        │ 4. 토지이동정리결의서 작성                     │
        │ 5. 지적정리                                   │
        └─────────────────────────────────────────────┘
```

문제 3

토지의 조사, 등록에 관한 설명 중 틀린 것은?

① **국토교통부장관**(지적소관청은×)은 모든 토지(관리토지×)에 대하여 필지별로 소재·지번·지목·면적·경계 또는 좌표 등을 조사·측량하여 지적공부에 **등록**하여야 한다.

② 지적공부에 등록하는 지번·지목·면적·경계 또는 좌표는 토지의 이동(토지이용×)이 있을 때 토지소유자의 신청을 받아 지적소관청이 결정한다. 다만, 신청이 없으면 직권으로 조사·측량하여 결정할 수 있다.

③ 지적소관청은 토지의 이동 현황을 직권으로 조사·측량하여 토지의 지번·지목·면적·경계 또는 좌표를 결정하려는 때에는 **토지이동현황조사계획**(토지<u>이용</u>현황 조사계획×)을 수립하여 시, 도지사나 대도시 시장의 승인을 받아야 한다.

④ 지적소관청은 토지이동현황 조사 계획에 따라 토지의 이동현황을 조사한 때에는 **토지이동조사부**에 토지이동현황을 적어야 한다.

⑤ 지적소관청이 토지이동현황 조사 결과에 따라 토지의 지번, 지목, 면적, 경계 좌표를 결정한 때에는 이에 따라 **지적공부를 정리**하여야 한다.

⑥ 지적소관청은 토지의 이동현황을 직권으로 조사·측량하여 토지의 지번·지목·면적·경계 또는 좌표를 결정하려는 때에는 토지이동현황 조사계획을 수립하여야 한다. 이 경우 토지이동현황 조사계획은 **시, 군, 구**별로 수립하되, 부득이한 사유가 있는 때에는 **읍, 면, 동**(시, 도×)별로 수립할 수 있다.

정답 ③

5. 1필지 성립요건 = 합병요건 ★★

⇨ (부여)에 가면 (소)도 (목),(축)하고 (연),(등)도 켜야 1필지가 될 수 있다 = 합병할 수 있다

① 지번(부여)지역동일   ② (소)유자동일   ③ 지(목)동일 = 용도동일

④ (축)척동일   ⑤ 지반이 물리적(연)속   ⑥ (등)기 여부가 동일할 것

6. 등, 신, 부는 여인, 멀리해야 본이 된다 ★★

(등)록전환 및 (신)규등록토지의 지번부여방법

(1) 원칙 : 인접토지의 본번에 (부)번을 붙인다.

(2) 예외 : 다음의 경우는 그 지번부여지역의 최종본번의 다음 (본)번으로 지번을 부여 할 수 있다.

① 대상토지가 (여)러 필지인 경우

② 대상토지가 최종지번토지에 (인)접되어 있는 경우

③ 대상토지가 이미 등록된 토지와 (멀리) 떨어져 있는 경우

문제 4

공간정보의 구축 및 관리 등에 관한 법령상 등록전환에 따른 지번부여시 그 지번부여지역의 최종 본번의 다음 순번부터 본번으로 하여 순차적으로 지번을 부여할 수 있는 경우에 해당하는 것을 모두 고른 것은?

35회

> ㉠ 대상토지가 여러 필지로 되어 있는 경우
> ㉡ 대상토지가 그 지번부여지역의 최종 지번의 토지에 인접하여 있는 경우
> ㉢ 대상토지가 이미 등록된 토지와 멀리 떨어져 있어서 등록된 토지의 본번에 부번을 부여하는 것이 불합리한 경우

① ㉠

② ㉠, ㉡

③ ㉠, ㉢

④ ㉡, ㉢

⑤ ㉠, ㉡, ㉢

정답 ⑤

7. 분할은 (부)(부)다 ★★

⇨ 분할시 1필지는 분할 전 지번으로 하고, 나머지 필지의 지번은 분할 전 본번의 최종(부번)의 다음 순번의 (부)번을 부여한다.

8. (본)(선)에 합병한 (병),(신) ★★

⇨ (본)번 중 (선)순위 지번을 합병 후의 지번으로 한다.

⇨ 다만 토지소유자가 합(병)전 필지에 주거, 건축물이 있어서 그 건축물 등이 위치한 지번을 합병 후의 지번으로 (신)청하는 때에는 그 지번을 합병 후 지번으로 부여하여야 한다.

9. (지), (축), (행), (본번)으로 (확정)됐다 ★★

⇨ 다음의 경우에는 지적(확정)측량(도시개발사업)을 실시한 지번부여방법을 준용한다 = 종전지번 중 (본번)으로 부여한다.

① (지)번을 변경하는 경우

② (축)척변경시행지역 안의 새로이 지번을 부여하는 경우

③ (행)정구역개편으로 지번을 새로이 정하는 경우

1. 신규등록 = 등록전환 :	원칙	인접토지의 본번에 **부번**
	예외	최종 본번 다음 **본번** : 여러, 인접, 멀리
2. 분할	원칙	최종 부번의 다음 순번의 **부번**
	예외	건축물 + **우선**
3. 합병	원칙	**본번** 중 선 순위
	예외	건축물 + **신청**
4. 지적확정측량 = 도시개발사업지역	원칙	종전 지번 중 **본번**(단, 밖에, 경계는 제외)
	준용	**지번변경, 축척변경, 행정구역개편시**

토지이동시 지번부여방법
1. 등, 신, 분할은 ~ 부번이 원칙이다(등록전환, 신규등록, 분할은 ~부번이 원칙이다)
2. 여, 인, 멀리는 본번이다(여러필지, 최종지번에 인접, 멀리 떨어짐은 최종본번의 다음순번의 본번을 부여할 수 있다)
3. 지, 축, 행은 본번이다(지번변경, 축척변경, 행정구역개편은 본번을 부여한다)
4. 병, 신(합병은 건축물이 있을 때 소유자의 신청시 부여한다)

문제 **5**

토지의 이동(異動)에 따른 지번부여방법에 관한 설명 중 틀린 것은?

① 신규등록 및 등록전환의 경우에는 그 지번부여지역의 **인접토지의 본번**에 부번(본번×)을 붙여서 지번을 부여하는 것을 **원칙**으로 한다.

② 등록전환의 토지가 **여러필지**로 되어 있는 경우에는 그 지번부여지역의 **최종 본번(부번×)의 다음 본번(부번×)**을 붙여서 부여할 수 있다.

③ 신규등록의 경우로서 대상토지가 그 지번부여지역 안의 최종 지번의 토지에 **인접한 경우** 그 지번부여지역의 **최종 본번(부번×)의 다음 본번(부번×)**을 붙여서 부여할 수 있다.

③-1 등록전환대상 토지가 이미 등록된 토지와 **멀리 떨어져** 있어서 등록된 토지의 본번에 부번을 부여하는 것이 불합리한 경우 그 지번부여지역의 **최종 본번(부번×)의 다음 본번(부번×)**을 붙여서 부여할 수 있다.

④ 분할의 경우 분할 후의 필지 중 1필지의 지번은 분할 전의 지번으로 하고, 나머지 필지의 지번은 **최종 부번(본번×)의 다음순번의 부번(본번×)**을 순차적으로 부여한다.

④-1 분할의 경우에는 분할된 필지마다 새로운 본번을 부여한다.

⑤ 분할의 경우 분할 후의 필지 중 주거·사무실 등의 **건축물이** 있는 필지에 대하여는 분할 전의 지번을 **우선(소유자의 신청×)**하여 부여하여야 한다.

⑥ 합병의 경우에는 합병대상 지번 중 선순위의 지번을 그 지번으로 하되, 본번으로 된 지번이 있는 때에는 **본번 중 선순위(최종 순위×)**의 지번을 합병 후의 지번으로 하는 것을 원칙으로 한다.

⑦ 합병의 경우 합병 전의 필지에 주거·사무실 등의 **건축물이** 있는 경우 토지소유자가 건축물이 위치한 지번을 합병 후의 지번으로 **신청(우선×)**하는 때에는 그 지번을 합병 후의 지번으로 부여하여야 한다.

⑧ **행정구역개편에** 따라 지번을 부여할 때에는 지적확정측량방법(등록전환측량방법×)을 준용한다.

⑨ **축척변경시행지역** 안의 필지에 지번을 새로이 부여하는 때에는 도시개발사업 등이 완료됨에 따라 지적확정측량(등록전환측량방법×)을 실시한 지역 안에서의 지번부여방법을 준용한다.

⑩ **지번이 변경된** 경우의 지번부여는 종전지번 중 **본번(인접토지의 본번에 부번×)**을 붙여서 부여한다.

⑩-1 **축척변경시행지역** 안의 필지에 지번을 새로이 부여하는 때에는 그 지번부여지역에서 인접토지의 본번에 **부번을** 붙여서 지번을 부여하여야 한다.

⑪ 지번은 **북서에서 남동(북동에서 남서×)**로 순차적으로 부여한다.

⑫ 지번은 **지적소관청(국토교통부장관×)이 지번부여지역별(=동,리)(시,군,구×)**로 차례대로 부여한다.

⑬ 토지대장 및 지적도에 등록하는 토지의 지번은 아라비아 숫자(한자×)로 표기한다.

⑭ 지번은 본번과 부번으로 구성하되, 본번과 부번 사이에 "—"**표시로 연결** 하고 "—"표시는 '의'로 읽는다.

⑮ 임야대장 및 임야도에 등록하는 토지의 지번은 아라비아 숫자 **앞에(뒤에×) "산"(임×)**자를 붙여 표기한다.

⑯ 지적소관청은 도시개발사업 등이 준공되기 전에 **사업시행자가(토지소유자×)** 지번부여 신청을 하면 지번을 부여할 수 있으며, **도시개발사업 등이 준공되기 전**에 사업시행자(토지소유자×)지번을 부여하는 때에는 **사업계획도(지번별 조서×)**에 따르되, **지적확정측량(등록전환측량×)**을 실시한 지역의 지번부여 방법에 따라 지번을 부여하여야 한다.

⑰ 토지소유자가 **지번을 변경**하려면 지번변경사유와 지번변경대상토지의 지번, 지목, 면적에 대한 상세한 내용을 기재하여 지적소관청에 신청하여야 한다.

⑱ 지적소관청이 **지번을 변경**하기 위해서는 **시, 도지사(국토교통부장관×)**의 승인을 받아야 한다.

⑲ 지적소관청은 **도시개발사업 시행 등**의 사유로 지번에 결번이 생긴 때에는 지체 없이 그 사유를 **결번대장(지번대장×)**에 기재하여 영구히 보존하여야 한다.

⑳ 지적소관청은 축척변경으로 지번에 결번이 생긴 때에는 지체 없이 그 사유를 **결번대장**에 적어 영구히 보존하여야 한다.

정답 ④-1⑩-1⑰

공간정보의 구축 및 관리에 관한 법령상 지적확정측량을 실시한 지역의 각 필지에 지번을 새로이 부여하는 방법을 준용하는 것을 모두 고른 것은? 28회

- ㉠ 지번부여지역의 지번을 변경할 때
- ㉡ 축척변경 시행지역의 필지에 지번을 부여할 때
- ㉢ 행정구역 개편에 따라 새로 지번을 부여할 때
- ㉣ 등록사항정정으로 지번을 정정하여 부여할 때
- ㉤ 바다로 된 토지가 등록말소된 후 다시 회복등록을 위해 지번을 부여할 때

① ㉠
② ㉠, ㉡
③ ㉠, ㉡, ㉢
④ ㉠, ㉡, ㉢, ㉣
⑤ ㉡, ㉢, ㉣, ㉤

정답 ③

10. 결번이 발생하지 않는 것 ★★

⇨ (지목)이 (분)(신)하면 결번이 없다

① (지목)변경, ② (분)할, ③ (신)규등록은 결번이 발생하지 않는다.

결번이 발생하지 않는 경우는?

- ㉠ 등록전환
- ㉡ 합병
- ㉢ 지번변경
- ㉣ 축척변경
- ㉤ 지목변경
- ㉥ 분할
- ㉦ 신규등록

① ㉠, ㉣
② ㉤, ㉥, ㉦
③ ㉡, ㉢, ㉣
④ ㉢, ㉣
⑤ ㉠, ㉣, ㉥

정답 ②

● 지목

11. '임야' ★

임야에는 (암),(자),(모),(습) 이 (황)무 해서 (죽),(수) 었다

⇨ ① (암)석지 ② (자)갈땅 ③ (모)래땅 ④ (습)지 ⑤ (황)무지 ⑥ (죽)림지 ⑦ (수)림지는 '임야'다

지목

① 전 : 물 없이 식물 재배(과수류제외) ★
② 답 : 물 이용 식물 재배(연, 왕골+재배)
③ 과수원 : ~나무 집단적 재배(단, 주거용 건출물 : 대)
④ 목장용지 : 가축의 초지 or 축사
⑤ 임야 : 산림 및 원야~암,자,모,습,황무,죽,수
⑥ 광천지 : 석유류+용출
⑦ 염전 : 소금
⑧ 대 : ㉠주거, 사무실, ㉡박물관, 미술관
⑨ 공장용지 : ~공장
⑩ 학교 : 학교
⑪ 주차장 : ㉠자동차 주차(판매✕), ㉡주차전용건축물, ㉢~인근 부설주차장
⑫ 주유소용지 : ㉠석유+판매, ㉡저유소, 원유저장
⑬ 창고 : 물건+보관
⑭ 도로 : ㉠보행 or 차량, ㉡고속도로 휴게소(단,아파트 단지통로✕)
⑮ 철도용지 : 궤도 or 역사
⑯ 제방 : 방~제.방~제
⑰ 구거 : ㉠~인공적수로, ㉡소규모수로
⑱ 하천 : 자연유수
⑲ 유지 : 물+고여(저장) (연, 왕골+자생)
⑳ 양어장 : 육상에(해상에✕)~
㉑ 수도용지 : ㉠물+정수, ㉡~수 ~수
㉒ 공원 : 휴양+국계법상 공원
㉓ 체육용지 : 종합운동장, 스키장, 실내체육관, 야구장, 골프장, 승마장, 경륜장등
㉔ 유원지 : 위락+유선장, 낙시터, 어린이 놀이터, 동물원, 식물원, 민속촌, 경마장, 야영장등
㉕ 종교용지 : 교회, 사찰, 향교
㉖ 사적지 : 국가유산+유적(단, 종교용지, 공원, 학교 안의 유적은 제외)
㉗ 묘지 : ㉠시체+유골(㉡봉안시설,㉢묘지공원)
㉘ 잡종지 : 소녀 변,송,송,이,공동,우물,오물,쓰레기,여객,폐차,운전,도,야시시,흙,돌,실외,수신소,공항,항만시설,갈대밭

지목의 구분 및 설정방법 등에 관한 설명으로 틀린 것은?

① 1필지가 둘 이상의 용도로 활용되는 경우에는 **주된**(종된×) 용도에 따라 지목을 설정하여야 한다.

①-1 필지마다 **하나의** 지목을 설정하여야 한다.

② 토지가 **일시적 또는 임시적인** 용도로 사용될 때에는 지목을 변경하지 아니한다(한다×).

③ 조수 · 자연유수(自然流水) · 모래 · 바람 등을 **막기** 위하여 설치된 **방조제** · 방수제 · 방사제 · 방파제 등의 부지는 '제방'(구거×)으로 한다.

④ 지목을 지적도 및 임야도에 등록하는 때에는 **부호(정식명칭×)로** 표기하여야 한다.

⑤ 온수 · 약수 · 석유류 등을 일정한 장소로 **운송**하는 송수관 · 송유관 및 저장시설의 부지의 지목은 "광천지"에서 제외 한다.(광천지다×)

⑥ **학교의 교사(校舍)와** 이에 접속된 체육장 등 부속시설 물의 부지의 지목은 "학교용지"(체육용지×)로 한다.

⑦ **물건 등을 보관**하거나 저장하기 위하여 독립적으로 설치된 보관시설물의 부지와 이에 접속된 부속시설물의 부지의 지목은 "창고용지"(대×)로 한다.

⑧ **묘지의 관리를 위한 건축물의 부지**의 지목은 '대'("묘지"×)로 한다.

⑨ 교통 운수를 위하여 일정한 **궤도** 등의 설비와 형태를 갖추어 이용되는 토지와 이에 접속된 **역사**(驛舍) · 차고 · 발전시설 및 공작창(工作廠) 등 부속시설물의 부지의 지목은 "철도용지"(도로×)로 한다.

⑩ **육상(해상×)에** 인공으로 조성된 수산생물의 번식 또는 양식을 위한 시설을 갖춘 부지와 이에 접속된 부속시설물의 부지의 지목은 "양어장"으로 한다.

⑪ **물을 정수**하여 공급하는 취수, 도수, 정수, 송수 및 배설시설부지 및 이에 접속된 시설의 부지의 지목은 「수도용지」로(하천×) 한다.

⑫ '산업집적활성화 및 공장설립에 관한 법률등 관계법령에 따른 **공장부지** 조성공사가 준공된 토지의 지목은 공장용지('산업용지'×)이다.

⑬ 연, 왕골등을 재배하는 토지의 지목은 "답"(유지×)으로 한다.

⑭ 물을 상시적으로 이용하지 **않고** 곡물, 원예작물**(과수류포함)** 등의 식물을 재배하는 토지와 죽림지의 지목은 "전"으로 한다.

⑭-1 물을 상시적으로 **직접 이용하여** 벼 · 연(蓮) · 미나리 · 왕골 등의 식물을 주로 재배하는 토지의 지목은 "답"으로 한다.

⑭-2 물을 상시적으로 **이용하지 않고** 닥나무 · 묘목 · 관상수 등의 식물을 주로 재배하는 토지의 지목은 "전"으로 한다.

⑮ **학교용지** · 공원 등 다른 지목으로 된 토지에 있는 유적 · 고적 · 기념물을 보호하기 위하여 구획된 토지는 '사적지'에서 제외한다(사적지로 한다×)

⑯ 일반 공중의 보건 · 휴양 및 정서생활에 이용하기 위한 시설을 갖춘 토지로서 「**국토의 계획 및 이용에 관한 법률**」에 의하여 **공원** 또는 녹지로 결정 · 고시된 토지는 공원('체육용지'×)로 한다.

⑰ 자연의 유수(流水)가 있거나 있을 것으로 예상되는 **소규모 수로부지**는 구거("하천"×)으로 한다.

⑰-1 자연의 유수(流水)가 있거나 있을 것으로 예상되는 토지는 하천("구거"×)로 한다.

⑱ **산림 및 원야**를 이루고 있는 자갈땅 · 모래땅 · 습지 · 황무지 등의 토지는 "임야"('잡종지'×)로 한다.

⑲ 용수 또는 배수를 위하여 일정한 형태를 갖춘 **인공적인 수로** · 둑 및 그 부속시설물의 부지는 "구거(하천×)로 한다.

⑳ 지하에서 석유류 등이 용출되는 **용출구**와 그 유지에 사용되는 부지는 "광천지('주유소용지'×)로 한다.

㉑ 천일제염 방식으로 하지 아니하고 동력으로 바닷물을 끌어들여 소금을 제조하는 **공장**시설의 부지는 "공장용지('염전'×)으로 한다.

㉒ 자동차 등의 **판매** 목적으로 설치된 물류장 및 야외전시장은 주차장에서 제외한다('주차장'으로 한다×).

㉓ 자동차·선박·기차 등의 제작 또는 정비**공장** 안에 설치된 급유·송유시설의 부지는 "공장용지('주유소용지'×)로 한다.

㉔ 주차장법 제19조 제4항의 규정에 의하여 시설물의 부지 **인근에** 설치된 부설주차장은 "주차장"으로 한다(제외한다×).

㉕ **유수(流水)를** 이용한 요트장 및 카누장은 "하천('체육용지'×)로 한다.

㉖ '장사 등에 관한 법률'에 따른 **봉안시설과** 이에 접속된 부속시설물의 부지는 묘지('대'×)로 한다.

㉗ 주차장법의 규정에 의해 설치된 **노상주차장은** "도로(「주차장용지」×)로 한다.

㉘ 아파트 단일용도의 일정한 **단지 안에 설치된 통로는** 도로에서 제외한다(「도로」로 한다×).

㉙ **저유소(貯油所) 및 원유저장소의** 부지와 이에 접속된 부속시설물의 부지는"주유소용지"로 한다. 다만, 자동차·선박·기차 등의 제작 또는 정비**공장** 안에 설치된 급유·송유시설 등의 부지는 제외한다.

㉚ **종교용지에 있는** 유적·고적·기념물 등을 보호하기 위하여 구획된 토지는 종교용지("사적지"×)로 한다.

㉛ 일반 공중의 종교의식을 위하여 예배·법요·설교·제사 등을 하기 위한 **교회·사찰·향교** 등 건축물의 부지와 이에 접속된 부속시설물의 부지는 "종교용지("사적지"×)로 한다.

㉜ 제조업을 하고 있는 **공장**시설물의 부지와 같은 구역에 있는 의료시설 등 부속시설물의 부지는 "공장용지"로(대×) 한다.

㉝ 바닷물을 끌어들여 **소금을** 채취하기 위하여 조성된 토지와 이에 접속된 제염장(製鹽場) 등 부속시설물의 부지는 "염전"으로 한다. 다만, 천일제염 방식으로 하지 아니하고 동력으로 바닷물을 끌어들여 소금을 제조하는 **공장**시설물의 부지는 제외한다.

㉞ 사과·배·밤·호두·귤나무 등 과수류를 집단적으로 재배하는 토지와 이에 접속된 **주거용 건축물의 부지는** "과수원"으로 한다.

㉟ 지목이 **공장용지**인 경우 이를 지적도에 등록하는 때에는 '**공**'으로 표기하여야 한다.

정답 ⑭㉞㉟

12. 잡종지

● 암기: 소녀 (변)(송)(송)이는 (공동우물)에 (오물)과 쓰레기를 버리고 (여객)(폐차)(운전), (도)하면서 (야시시)한 옷에 (흙)과 (돌)을 넣고 (실외)에 있는 (수신소), (공항)(항만)시설을 지나 (갈대밭)으로 간다

② (변)전소, ③ (송)신소, ④ (송)유시설, ⑤ (공동우물), ⑥ (오물)·쓰레기매립장, (여객)**차동차터미널**, (폐차)**장등 자동차와 관련된 독립적인 시설을 갖춘 토지** ⑦ 자동차(운전)학원, ⑧ (도)축장, ⑨ (야외시)장, ⑩ (흙)을 파내는곳, ⑪ (돌)을 캐내는곳, ⑫ (실외)에 물건을 쌓아두는곳, ⑬ (수신소), ⑭ (공항)시설 및 (항만)시설부지, ⑮ (갈대밭) 등

문제 **9**

공간정보의 구축 및 관리 등에 관한 법령상 지목을 '잡종지'로 정할 수 있는 기준에 대한 내용으로 틀린 것은? (단, 원상회복을 조건으로 돌을 캐내는 곳 또는 흙을 파내는 곳으로 허가된 토지는 제외함)

35회

① 공항시설 및 항만시설 부지
② 변전소, 송신소, 수신소 및 송유시설 등의 부지
③ 도축장, 쓰레기처리장 및 오물처리장 등의 부지
④ 모래·바람 등을 막기 위하여 설치된 방사제·방파제 등의 부지
⑤ 갈대밭, 실외에 물건을 쌓아두는 곳, 돌을 캐내는 곳, 흙을 파내는 곳, 야외시장 및 공동우물

정답 ④

13. 도면(지적도/임야도)에 지목을 차문자(두번째 문자)로 등록되는 것

→ 도면에 (차),(장),(천),(원)은 차 문자이다

① 주(차)장, ② 공(장)용지, ③ 하(천) ④ 유(원)지는 도면에 지목을 등록할 때 차(次)문자(두번째문자)로 등록한다

문제 10

공간정보의 구축 및 관리에 관한 법령상 지목과 지적도면에 등록하는 부호의 연결이 틀린 것을 모두 고른 것은?

29회

㉠ 공원 - 공	㉡ 목장용지 - 장
㉢ 하천 - 하	㉣ 주차장 - 차
㉤ 양어장 - 어	

① ㉡, ㉢, ㉣   ② ㉡, ㉢, ㉤

③ ㉢, ㉣, ㉤   ④ ㉠, ㉡, ㉢, ㉣

⑤ ㉠, ㉡, ㉣, ㉤

정답 ②

● 경계

14. ⇨ 지상 경계결정시

(고저무)(중), (고)(하),(절)(상), (바다)(만조), (공유) (바깥)★★

① 높낮이(고저)차가 없으면 (중)앙

② 높낮이(고)저차가 있는 토지는 (하)단부,

③ 도로등이 (절)토된 부분은 (상)단부를 기준으로 결정한다.
   (단, ①②③ 구조물의 소유자가 다른 경우는 제외됨)

④ (바다)와 육지사이의 경계는 최대(만조)선을 기준으로 한다.

⑤ (공유)수면매립지를 제방에 편입시키는 경우는 (바깥)쪽 어깨부분이다.

공간정보의 구축 및 관리 등에 관한 법령상 지상경계의 결정기준으로 틀린 것은? (단, 지상경계의 구획을 형성하는 구조물 등의 소유자가 다른 경우는 제외함)   32회

① 연접되는 토지 간에 높낮이(고저) 차이가 있는 경우 : 그 구조물 등의 하단부(상단부×)

② 공유수면매립지의 토지 중 제방 등을 토지에 편입하여 등록하는 경우 : 바깥쪽 어깨부분(그 경사면의 하단부×)

③ 도로·구거 등의 토지에 절토(땅깎기)된 부분이 있는 경우 : 그 구조물 등의 상단부(바깥쪽 어깨부분×)

④ 토지가 해면 또는 수면에 접하는 경우 : 최대 만조선(최소만조위×)

⑤ 연접되는 토지 간에 높낮이 차이가 없는 경우 : 그 구조물 등의 상단부

정답 ⑤ 구조물의 중앙이다.

15. 분할시 경계가 지상건축물이 걸리게 결정할 수 있는 경우

⇨ 공,사,계,판되면 경계가 지상건축물에 걸릴 수 있다 ★★

① (공)공사업으로 인하여 수도,학교용지,도로,철도,제방,하천,구거,유지 등의 지목으로 토지를 분할하는 경우 : 수 학 도 철 저 제 하 구 유

② 도시개발(사)업시행자가 사업지구의 경계를 결정하기위하여 토지를 분할하는 경우

③ 도시,군관리(계)획선에 따라 토지를 분할하는 경우

④ 법원의 확정(판)결이 있는 경우는 토지의 분할시 경계가 지상건축물이 걸리게 결정할 수 있는 경우다.

분할에 따른 지상 경계결정시 지상건축물을 걸리게 결정해서는 아니 되는 것은? ★   24회

① 공공사업으로 인하여 수도용지, 학교용지·도로·철도용지·제방·하천·구거·유지 등의 지목으로 되는 토지를 분할하는 경우

② 도시개발사업 등의 사업시행자가 사업지구의 경계를 결정하기 위하여 분할하고자 하는 경우

③ 「국토의 계획 및 이용에 관한 법률」의 규정에 의한 도시계획결정고시와 지형도면고시가 된 지역의 도시,군관리 계획선에 따라 토지를 분할하는 경우

④ 법원의 확정판결이 있는 경우

⑤ 소유권이전이나 매매 등을 위하여 분할하는 경우

⑥ 토지 이용상 불합리한 지상(경)계를 시정하기 위하여

⑦ 1필지의 일부가 형질변경 등으로 (용)도가 다르게 되어 분할하는 경우

정답 ⑤⑥⑦

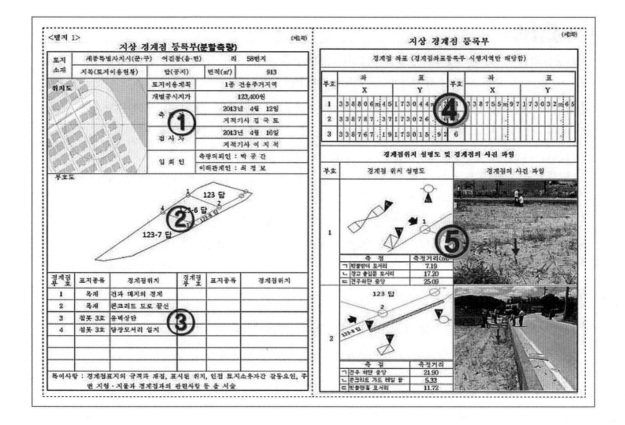

16. 지상경계점등록부의 등록사항은 ⓢ, ㉮, ㉱, 경계점㉣,㉰,㉳,㉴이다

① 토지의 ⓢ재 ② ㉮번

③ 지㉱(공부상의 지목과 실제토지이용지목)

④ ㉣계점의 ㉣류

⑤ 경계점의 ㉰표(경계점좌표등록부 시행지역에 한정한다)

⑥ 경계점의 ㉳진파일

⑦ 경계점의 ㉴치 및 경계점의 ㉴치설명도

문제 13

공간정보의 구축 및 관리 등에 관한 법령상 지상경계점등록부의 등록사항으로 옳은 것은?   34회

① 지적도면의 번호   ② 토지의 소재

③ 공부상 지목과 실제 토지이용 지목   ④ 경계점의 사진 파일

⑤ 경계점표지의 종류 및 경계점 위치   ⑥ 경계점 표지의 설치 사유

⑦ 경계점표지의 보존기간   ⑧ 경계점의 설치비용

⑨ 경계점표지의 제조연월일   ⑩ 토지소유자와 인접토지소유자의 서명, 날인

정답 ②③④⑤

공간정보의 구축 및 관리 등에 관한 법령상 지적소관청이 토지의 이동에 따라 지상 경계를 새로 정한 경우에 경계점 ⑭치 설명도와 경계점 표지의 ⑧류 등을 등록하여 관리하는 장부는? 31회

① 토지이동조사부
② 부동산종합공부
③ 경계점좌표등록부
④ 지상경계점등록부
⑤ 토지이동정리결의서

정답 ④

공간정보의 구축 및 관리 등에 관한 법령상 경계에 관한 설명 중 틀린 것은?

① 공간정보의 구축 및 관리 등에 관한 법령상 지적소관청이 토지의 이동에 따라 지상 경계를 새로 정한 경우에 경계점 위치 설명도와 경계점 표지의 종류 등을 등록하여 관리하는 장부는 **경계점좌표등록부**다.

② 토지의 지상경계는 **둑, 담장이나** 그 밖에 구획의 목표가 될 만한 구조물 및 경계점표지 등으로 구분한다.

③ 지적소관청은 토지의 이동에 따라 **지상경계를 새로 정한** 경우에는 경계점 위치 설명도 등을 등록한 **지상경계점등록부**(경계점좌표등록부×)를 작성·관리하여야 한다.

④ 지적공부에 등록된 경계점을 지상에 **새로이 정한 경우**(복원하는 경우×)에는 지상경계점등록부를 작성·관리하여야 한다.

⑤ 도시개발사업 등의 사업시행자가 사업지구의 경계를 결정하기 위하여 토지를 분할하려는 경우에는 지상경계점에 경계점 표지를 설치하여 측량할 수 있다.

⑥ 지상경계의 구획을 형성하는 구조물 등의 **소유자가 다른 경우에는** 그 소유권에 따라 지상경계를 결정한다.

⑦ **경계점 좌표**는 경계점좌표등록부 시행지역의 지상경계점등록부의 등록사항이다.

⑧ 토지의 소재, 지번, 공부상 지목과 실제 토지이용 지목, **경계점의 사진 파일**은 지상경계점등록부의 등록사항이다.

⑨ '경계'는 필지별로 경계점 간을 **직선으로** 연결하여 지적공부에 등록한 선이다.

⑩ 법원의 토지경계확정 소송의 대상이 되는 '경계'의 의미는 **지적공부에 등록하여 공적으로 인증된 필지와 필지의 구분선**을 말한다.

⑪ 지적공부상 경계가 **기술적인 착오**로 진실한 경계선과 다르게 등록된 것과 같은 특별한 사정이 있는 경우에 경계확정은 **실제의 경계로** 한다.

⑫ 분할에 따른 지상경계는 지상건축물을 걸리게 결정해서는 아니 된다. 다만, 법원의 **확정판결**이 있는 경우에는 그러하지 아니하다.

⑬ 매매 등을 위하여 토지를 분할하려는 경우 지상경계점에 경계점표지를 설치하여 측량할 수 있다.

정답 ①

● 면적

면적측정의 대상 ○	면적측정의 대상 ×
① 지적공부를 복구하는 경우 ② 토지를 신규등록하는 경우 ③ 등록전환을 하는 경우 ④ 분할을 하는 경우 ⑤ 도시개발사업 등으로 토지의 표시를 새로이 확정하는 경우 ⑥ 축척변경을 하는 경우 ⑦ 경계복원측량 및 지적현황측량 등에 의하여 면적측정이 수반되는 경우 ⑧ 경계와 면적의 오류정정을 하는 경우	① 경계(복원)측량 및 지적(현)황측량 ② (지)번변경 ③ 지목 변경 ④ 합병 ⑤ 평을 제곱미터로 면적 (환산)시 암기 (복), (현), 이와 (지), (목), 이 (합병), (환산) 하면 면적측정하지 않는다.

17. 면적측정대상이 아닌 것 ★★

⇨ (복),(현)이 (지),(목)이 (합병),(환산)하면 면적측정하지 않는다.

① 경계(복)원측량　② 지적(현)횡측량

③ (지)번변경　　④ 지(목)변경

⑤ (합병)　　⑥ 평을 제곱미터로 (환산)하는 경우는 원칙적으로 면적을 측정하지 않는다.

문제 16

세부측량시 필지마다 면적을 측정하여야 하는 경우가 아닌 것은?　　24회

① 지적공부를 복구하는 경우

② 등록전환을 하는 경우

③ 지목변경을 하는 경우

④ 축척변경을 하는 경우

⑤ 도시개발사업으로 인한 토지이동에 따라 토지의 표시를 새로이 결정하는 경우

⑥ 미터법의 시행으로 면적을 환산하여 등록하는 경우

⑦ 경계 침범 부분을 시정하기 위해 분할 등록하는 경우

⑧ 미등록된 토지를 새로이 지적공부에 등록하는 경우

정답 ③⑥

면적의 등록 정리		
구 분	1/600, 경계점좌표등록부 시행지역	1/1000,1/1200,1/2400,1/3000,1/6000
측 량	경위의 측량	평판측량
측량방법	좌표 면적계산법	전자 면적계산법
등 록	m^2 이하 한자리	m^2
최소면적	$0.1m^2$ 미만시 $0.1m^2$	$1m^2$ 미만시 $1m^2$
끝수처리	0.05	0.5

축척(1/1000,1/1200,1/2400,1/3000,1/6000)인 지역 = 임야도		경계점좌표등록부시행지역(경위의측량방법) or 축척이 1/500, 1/600인 지역	
측량면적 (m²)	등록면적 (m²)	측량면적 (m²)	등록면적 (m²)
123.4	123	123.32	123.3
123.6	124	123.37	123.4
123.5	124	123.55	123.6
120.5	120	123.05	123.0
124.5	124	123.65	123.6
124.52	125	123.653	123.7
0.7(1m²미만)	1	0.06(0.1m²미만)	0.1

18. (홀) 아비는 불쌍해서 (더) 해주었다

⇨ 면적결정에 있어서 끝수처리시 끝수가 0.5(0.05)인 경우 구하자 하는 숫자가 0 또는 짝수이면 버리고, (홀)수이면 (올)린다(= (더)해 주었다)

문제 17

공간정보의 구축 및 관리에 관한 법령에서 규정하고 있는 면적에 관한 설명 중 틀린 것은?

① 지적도의 축척이 600분의 1인 지역에서 신규등록할 1필지의 면적을 측정한 값이 145.450m²인 경우 토지대장에 등록하는 면적의 결정은 145.4m²(145.5m²×)이다.

② 경위의 측량방법으로 세부측량을 한 지역의 필지별 면적측정은 좌표면적측정기(전자면적측정기×)에 의한다.

③ 경계점좌표등록부에 등록하는 지역의 토지면적은 m² 이하 한 자리 단위로 결정한다.

④ 토지합병을 하는 경우의 면적결정은 합병 전의 각 필지의 면적을 합산하여 그 필지의 면적으로 한다.

④-1 합병에 따른 경계, 좌표, 면적은 지적측량을 하여 결정한다.

⑤ 축척이 1/1200인 지적도 시행지역에서는 1필지의 면적이 0.1m² 미만인 경우 0.1제곱미터로 토지대장에 등록한다.

⑥ 면적은 토지대장 및 임야대장(경계점좌표등록부×)의 등록사항이다.

⑦ 축척이 600분의 1인 지역과 경계점좌표등록부에 등록하는 지역의 1필지 면적이 0.1m² 미만일 때에는 0.1m²로 하며, 임야도에 등록하는 지역의 1필지 면적이 1m² 미만인 때에는 1m²로 한다.

⑧ 경계점좌표등록부(경위의 측량방법)에 등록하는 지역에서 1필지의 면적측정을 위해 계산한 값이 1,029.551m²인 경우 토지대장에 등록할 면적은 1,029.6m²다. (1,029.5m² ×)

⑨ 지적도의 축척이 600분의 1인 지역에서 신규등록할 1필지의 면적을 계산한 값이 0.050m²이었다. 토지대장에 등록하는 면적의 결정은 0.1m²다. (0.05m² ×)

⑩ '면적'이란 지적공부에 등록된 필지의 수평면상의 넓이를 말한다.

⑪ 신규등록·등록전환을 하는 때에는 새로이 측량하여 각 필지의 면적을 정한다.

⑫ 미터법의 시행으로 면적을 환산하여 등록하는 경우 지적측량에 의하여 필지의 면적을 측정하여야 한다.

정답 ④-①⑤⑫

공간정보의 구축 및 관리 등에 관한 법령상 경계점좌표등록부가 있는 지역의 토지분할을 위하여 면적을 정할 때의 기준에 대한 내용이다. ( )에 들어갈 내용으로 옳은 것은? (단, 다른 조건은 고려하지 아니함)

> • 분할 후 각 필지의 면적합계가 분할 전 면적보다 많은 경우에는 구하려는 (㉠)부터 순차적으로 버려서 정하되, 분할 전 면적에 증감이 없도록 할 것
> • 분할 후 각 필지의 면적합계가 분할 전 면적보다 적은 경우에는 구하려는 (㉡)부터 순차적으로 올려서 정하되, 분할 전 면적에 증감이 없도록 할 것

① ㉠: 끝자리의 숫자가 작은 것,   ㉡: 끝자리의 숫자가 큰 것
② ㉠: 끝자리의 다음 숫자가 작은 것, ㉡: 끝자리의 다음 숫자가 큰 것
③ ㉠: 끝자리의 숫자가 큰 것,   ㉡: 끝자리의 숫자가 작은 것
④ ㉠: 끝자리의 다음 숫자가 큰 것,   ㉡: 끝자리의 다음 숫자가 작은 것
⑤ ㉠: 끝자리의 숫자가 큰 것,   ㉡: 끝자리의 다음 숫자가 작은 것

정답 ②

● **3장 지적공부**

구분★		소재, 지번	ⓖ유 번호 (=장번호)	지(목) =((축))척	(면)적	좌표	경계	소유자	소유권 (지분)	고유한 등록 사항
대장	토지, 임야 대장	●	●	(장) (정식명칭)	●	×	×	● (대)	×	토지(이동)사유 (면)적 (개)별공시지가
	공유 지연 명부	●	●	×	×	×	×	●	● 공	(고)(소)(지분) +면,목,도번×
	대지권 등록부	●	●	×	×	×	×	● (장)	● 대	(건)물의 명칭 (전)유건물의표시 (대)지권의 (비)율
경계점좌표 등록부		●	●	×	×	●	×	×	×	고유(번호) =도면번호 (부)호및부호도, (좌)표
도 면	지적도, 임야도	●	× (도)	(도) (부호)	×	×	●	×	×	(경)계, (색)인도, (도)곽선 및 수치, 경계점간 (거)리, 지적기준점의(위)치, 건축물의 (위)치

● 암기 : (소)재, (지)번 는 공통, (고)(도)리 없다. (목)(도)(장)=(축)(도)(장), 소, 대장

소재, 지번	모든 지적공부에 공통 등록
고유번호(=장번호)	도면제외 나머지 지적공부에 등록 ● 암기 : 고, 도 리없다
토지(임야)대장에만	① 토지이동사유, ② **면적**, ③ **개별공시지가** ● 암기 : 이동, 면, 개
공유지연명부에	① 고유번호 ② 소유자 성명등 ③ 소유권지분이 등록된다 ● 암기 : 고, 소, 지분
대지권등록부에만	① **건물의 명칭**, ② **전유건물의 표시**, ③ 대지권의 비율 ● 암기 : 건, 전, 한 대비
소유권 지분	**공유지연명부** + 대지권등록부 ● 암기 : 지분은 공, 대에만
도면에만(지적도/임야도)	① **경계**, ② 도면의 **색인도**, ③ **도곽선**, ④ 좌표에 의해서 계산된 **경계점간의 거리** ⑤ 지적기준점의 위치, ⑥ 건축물의 **위치** ● 암기 : 경, 색, 도, 거, 위 는 도면에만
경계점좌표등록부에	① 고유번호, 장번호, 도면번호 ② **부호**(부호도) ③ **좌표** ● 암기 : 번호,부, 좌
지목=축척	**도면(지적도/임야도)** + 토지(임야)대장 ● 암기 : 목(축), 도, 장
소유자	**대장에만(토, 임, 공, 대)** ● 암기 : 소, 대장
도면번호	공,대 에만 없다

19. ⓢⓩ는 모든 지적공부에 공통으로 등록되는 사항이다.

⇨ ①(ⓢ)재, ②(ⓩ)번은 모든 지적공부에 등록되는 사항이다.

문제 19

공간정보의 구축 및 관리에 관한 법령상 지적공부의 등록사항으로 틀린 것은?

① 토지의 소재, 지번은 모든 지적공부에 공통된 등록사항이다.
② 토지이동사유, 면적, 개별공시지가는 토지(임야)대장에만 등록사항이다.
③ 공유지 연명부에는 고유번호, 토지소유자의 성명등, 소유권지분이 등록사항이다.
④ 건물의 명칭, 전유건물의 표시, 대지권의 비율은 대지권등록부에만 등록된다.
⑤ 경계, 도면의 색인도, 도곽선과 그 수치, 좌표에 의하여 계산된 경계점간의 거리, 삼각점 및 지적 기준점의 위치, 건축물 및 구조물의 위치는 도면(지적도, 임야도)에만 등록된다.
⑥ 고유번호(도면변호, 장번호), 부호, 부호도 및 좌표는 경계점좌표등록부의 등록사항이다.
⑦ 지목과 축척은 도면(지적도/임야도)과 토지(임야)대장에만 등록사항이다.
⑧ 도면번호는 지적공부 중 공유지연명부와 대지권등록부에만 등록되어 있지 않다.
⑨ 토지의 고유번호와 장번호는 지적공부 중 도면에만 등록되어 있지 않다.

정답 없음

20. ⓜⓓⓙ ★★

⇨ 지(ⓜ)은 ① (ⓓ)면(지적도, 임야도)과 ② 토지(임야)대(ⓙ)에 등록된다.

21. ⓐⓓⓙ ★★

⇨ (ⓐ)척은 ① (ⓓ)면(지적도, 임야도)과 ② 토지(임야)대(ⓙ)에 등록된다.

문제 20

지목, 축척이 등록된 지적공부로만 나열된 것은?

㉠ 지적도	㉡ 공유지연명부
㉢ 대지권등록부	㉣ 토지대장
㉤ 경계점좌표등록부	

① ㉠　　　　　　　　　　　　　　② ㉠, ㉡
③ ㉠, ㉡, ㉢　　　　　　　　　　④ ㉠, ㉣
⑤ ㉠, ㉤

정답 ④

22. ⓢ, ⓓⓙ ★★

⇨ (ⓢ)유자의 성명, 주소, 주민등록번호 등은 (ⓓⓙ = 토지대장, 임야대장, 공유지연명부, 대지권등록부)만 등록된다.

23. (고)(도) 리없다. ★

⇨ ((고)유번호= (장)번호)는 ((도))면(지적도, 임야도)에만 등록되지 않는다.

24. (지분)은 (공),(대)에만 등록된다. ★★

⇨ 소유권의(지분)은 (공)유지연명부와 (대)지권등록부에만 등록된다.

① 고유번호	1234567890－1－0018 0000		토지(임야)대장		장번호
② 소재	③ 지번 18		⑦ 축척 1/1200		도면번호
토지의 표시			⑧ 소유자(성명,주소,주민번호)		
④ 지목	❺ (면)적 m²	❻ 토지 (이동) 사유	⑨ 변동일자		甲
전	100	2012 신규등록			
전	60	2113 분할되어 －1을 부합			甲외 7인
공장용지	60	2015 지목변경			
공장용지	80	2017년 19번과 합병			
❿ (개)별공시지가	12,000	13,000	● 암기 : 이동, 면, 개		

25. (이동),(면),(개)는 토지(임야)대장에만 있다. ★★

① 토지의 (이동)사유, ② (면)적, ③ (개)별공시지가등은 토지대장과 임야대장에만 등록된다.

❶ (고)유번호	1234567890－1－0018 0000		공유지 연명부		장번호
소재	지번 18				
토지의 표시			❷ (소)유자(성명,주소,주민번호)		
	❸ 소유권 (지분)		❹ 변동일자		갑·을·병
	갑 1/2 을 1/4 병 1/4		● 암기 : 고, 소, 한 지분		

26. ㉠,㉢,한 ㉛은 공유지연명부의 등록사항이다

① ㉠유번호, ② ㉢유자(성명,주소,주민번호), ③ 소유권㉛은 공유지연명부의 등록사항이다

① 고유번호	장번호	대지권등록부		❼ ㉡물의 명칭(레미안)	
② 소재	③ 지번			❽ ㉣유건물의 표시(501호)	
				❾ ㉤지권의 ㉥율(34/1234)	
	토지의 표시		④ 소유자(성명,주소,주민번호)		
	⑥ 소유권 지분		⑤ 변동일자	갑·을·병	
	갑 1/2 을 1/4 병 1/4				
			● 암기 : 고, 소, 지분 + 건, 전, 대비		

27. ㉡,㉣한 ㉦비는 대지권등록부에만 등록사항이다

① ㉡물의명칭, ② ㉣유건물의 표시, ③ ㉤지권의 ㉥율은 대지권등록부에만 등록사항이다

28. ㉧,㉨에 가면㉠㉢ ㉛은 있고, ㉩,㉪,㉫번호는 없다 ★★

(㉧)유지연명부와 (㉨)지권등록부에는 ① ㉠유번호, ㉢유자,소유권(㉛)은 있으나, ② (㉩)적과 ② 지㉪), ㉫번호는 등록되어 있지 않다.

28-1. (도면)번호는 (공),(대)에만 없다

공간정보의 구축 및 관리 등에 관한 법령상 지적공부의 등록사항으로 옳은 것은?

① 공유지연명부에는 소유권 지분, 토지의 소재, **대지권 비율이** 등록되어 있다.

② 공유지연명부에는 토지의 고유번호, **면적**, 토지의 소유자가 변경된 날과 그 원인이 등록되어 있다.

②-1.공유지연명부에는 소유권 지분, **전유부분의 건물표시가** 등록된다.

③ 대지권등록부의 등록사항으로 토지의 소재·지번·**지목**·전유부분의 건물표시 등이다.

④ 대지권등록부의 등록사항으로 대지권 비율·소유권 지분·건물명칭·**개별공시지가 등**이다.

⑤ 대지권등록부의 등록사항으로 건물명칭·대지권비율·소유권지분·토지의 고유번호 등이다.

⑥ 대지권등록부의 등록사항으로는 집합건물별 대지권등록부의 장번호·**토지의 이동사유**·대지권 비율·지번 등이다.

⑦ 대지권등록부의 등록사항으로는 지번·대지권 비율·소유권 지분·**도면번호** 등이다.

⑧ 토지대장·임야대장·공유지연명부·대지권등록부에는 토지소유자가 변경된 날과 그 원인 등이 등록된다.

⑨ 부동산 중개업자 甲이 매도의뢰 대상토지에 대한 소재, 지번, 지목, 면적을 모두 매수의뢰인 乙에게 설명하고자 하는 경우 적합한 지적공부는 경계점좌표등록부다.

⑩ 공간정보의 구축 및 관리 등에 관한 법령상 토지의 이동사유를 등록하는 지적공부는 대지권등록부다.

⑪ 토지대장의 등록사항에는 소유자의 성명 또는 명칭등는 등록되어 있으나 소유권의 지분, 대지권의 비율, 경계 또는 좌표는 등록되어 있지 않다.

⑫ 토지대장과 임야대장에 등록된 **대지권 비율은** 집합건물등기부를 정리하는 기준이 된다.

⑬ 토지대장과 임야대장에 등록된 **경계는** 모든 지적측량의 기준이 된다.

⑭ 토지대장과 임야대장에 등록된 **소유자가 변경된 날은** 부동산등기부의 등기원인일을 정리하는 기준이 된다.

⑮ 토지대장과 임야대장에 등록된 **개별공시지가는** 지적공부정리신청수수료의 기준이 된다.

⑯ 토지대장과 임야대장에 등록된 토지의 소재·지번·지목·면적은 부동산등기부의 **표제부에** 토지의 표시사항을 기재하는 기준이 된다.

⑰ 토지대장에 등록하는 토지의 **고유번호는** 행정구역, 지번, **지목** 등을 코드화하여 전체 19자리로 구성되어 있다.

정답 ⑤⑧⑪⑯

공간정보의 구축 및 관리 등에 관한 법령상 공유지연명부와 대지권등록부의 공통 등록사항을 모두 고른 것은?   32회

> ㉠ 지번
> ㉡ 토지의 고유번호
> ㉢ 소유자의 성명 또는 명칭, 주소 및 주민등록번호
> ㉣ 토지소유자가 변경된 날과 그 원인
> ㉤ 소유권 지분
> ㉥ 대지권의 비율

① ㉠, ㉡, ㉢   ② ㉠, ㉡, ㉣, ㉤
③ ㉠, ㉢, ㉣, ㉤   ④ ㉡, ㉢, ㉣, ㉤
⑤ ㉠, ㉡, ㉢, ㉣, ㉤

정답 ⑤

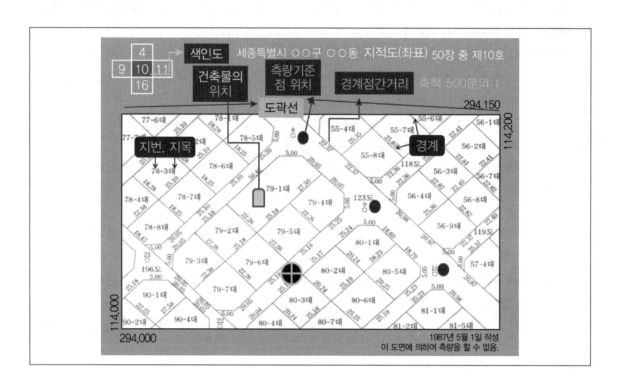

29. ㉟,㉭,㈐, ㈎,㈄ ㈄는 도면에만 있다 ★

① ㉟계, ② 도면의 ㈋인도, ③ ㈐곽선과 그 수치, ④ 좌표에 의해서 계산된 경계점 간의 ㈎리,

⑤ 지적기준점의 ㈄치, ⑥ 건축물 및 구조물의 ㈄치는 도면에만 있다.

30. 도면에는 ㉄,㈗,㈀이 없다 ★★

도면(지적도, 임야도)에는 ① (㉄)유번호, ② (㈗)유자, ③ (㈀)적 등이 등록되어 있지 않다

문제 23

지적도와 임야도의 등록사항이 아닌 것은?   24회

① 지적도면의 일람도
② 도곽선과 그 수치
③ 지적도면의 제목 및 그 축척
④ 삼각점 및 지적기준점의 위치
⑤ 건축물 및 구조물의 위치
⑦ 좌표에 의하여 계산된 경계점 안의 거리(경계점좌표등록부를 갖춰 두는 지역으로 한정)
⑧ 토지의 소재, 지목
⑨ 소유자에 관한 사항
⑩ 좌표에 의하여 계산된 경계점 간의 높이
⑪ 토지의 고유번호
⑫ 지적도의 축척 : 1/500, 1/600, 1/1000, 1/1200, 1/2400, 1/3000, 1/6000 (1/1500, 1/2000×)
⑬ 지적도에 제도된 "⊕"은 지적삼각점 위치의 표시이다.
⑭ (산)으로 표기된 토지는 **임야대장(임야도)등록지**이다.
⑮ **지적소관청은** 지적도면의 관리에 필요한 경우에는 지번부여지역마다 일람도와 지번색인표를 작성
   하여 갖춰 둘 수 있다.
⑯ 지적도면의 축척은 지적도 7종, 임야도 2종으로 구분한다.

정답 ①⑨⑩⑪

문제 24

공간정보의 구축 및 관리 등에 관한 법령상 지적도와 임야도의 축척 중에서 공통된 것으로 옳은 것은?

35회

① 1/1200, 1/2400   ② 1/1200, 1/3000
③ 1/2400, 1/3000   ④ 1/2400, 1/6000
⑤ 1/3000, 1/6000

정답 ⑤

❶ 고유번호			경계점 좌표 등록부	⑦ 도면번호와 장번호		
② 토지소재	③ 지번 : 254-2					
❹ 부호도			❺ 부호	❻ 좌표		
				X	Y	
			1	2123,79	1630,19	
			2	2124,92	1651,61	
			3	2109,67	1653,51	
			4	2107,12	1635,42	
			5	2115,91	1629,64	

31. 경계점좌표등록부에는 (번호) (부)(좌)가 있는데 그 중 (부)(좌)는 경계점좌표등록부에만 있다

경계점좌표등록부에는 ① 고유(번호)(=장번호,도면번호), ② (부)호와 부호도 ③ (좌)표가 있는데, ④ ((부)호외 부호도, ⑤ (좌)표는 경계점좌표등록에만 있다.

문제 25

경계점좌표등록부의 등록사항으로 옳은 것만 나열한 것은?   27회

① 지번, 토지이동사유
② 토지의 고유번호와 부호 및 부호도
③ 경계, 삼각점및 지적기준점의 위치
④ 좌표, 건축물 및 구조물의 위치
⑤ 면적, 필지별 경계점좌표등록부의 장번호

정답 ②

32. 경계점좌표등록부를 비치하는 지역★★

⇨ ㉠ ㉡ ㉢   경 축 확정

(㉠)계점좌표등록부를 갖춰두는 토지는 ① (㉡)척변경을 위한 측량 ② 지적(㉢)측량을 실시하여 경계점을 좌표로 등록한 지역의 토지다.

문제 26

경계점좌표등록부에 관한 설명 중 틀린 것은?

① 경계점좌표등록부를 비치한 지역에 있어서는 토지의 경계결정과 지표상의 복원은 좌표(별도로 비치된 "지적도"에×)에 의한다.

② 좌표에 의하여 계산된 경계점간의 거리는 경계점좌표등록부 시행지역의 지적도(경계점좌표등록부×)에 등록한다.

③ 경계점좌표등록부에는 지목와 축척이 등록되어 있다.

④ 도시개발사업 등 토지개발사업의 시행지역으로서 축척변경측량과 지적확정측량을 실시하여 경계점을 좌표로 등록한 지역은 경계점좌표등록부를 작성·비치한다.

⑤ 경계점좌표등록부를 갖춰두는 지역의 **지적도(임야도×)**에는 해당도면의 제명 끝에 '**좌표**'(**수치**×)라고 표시하고, 도곽선의 **오른쪽 아래 끝에(왼쪽 위×)** '이 도면에 의하여 측량할 수 **없음**'이라고 적어야 한다.

⑥ 경계점좌표등록부를 갖춰두는 지역의 면적측정은 좌표면적계산법(전자면적측정기×)에 의한다.

⑦ 토지 면적은 m² **이하 한 자리 단위로** 결정하여야 한다.

정답 ③

문제 27

공간정보의 구축 및 관리 등에 관한 법령상 대지권등록부와 경계점좌표등록부의 공통 등록사항을 모두 고른 것은?
34회

㉠ 지번	㉡ 소유자의 성명 또는 명칭
㉢ 토지의 소재	㉣ 토지의 고유번호
㉤ 지적도면의 번호	

① ㉠, ㉢, ㉣   ② ㉢, ㉣, ㉤

③ ㉠, ㉡, ㉢, ㉣   ④ ㉠, ㉡, ㉢, ㉤

⑤ ㉠, ㉡, ㉣, ㉤

정답 ①

공간정보의 구축 및 관리 등에 관한 법령상 지적공부와 등록사항의 연결이 옳은 것은?　　35회

① 토지대장 – 지목, 면적, 경계
② 경계점좌표등록부 – 지번, 토지의 고유번호, 지적도면의 번호
③ 공유지연명부 – 지번, 지목, 소유권 지분
④ 대지권등록부 – 좌표, 건물의 명칭, 대지권 비율
⑤ 지적도 – 삼각점 및 지적기준점의 위치, 도곽선(圖廓線)과 그 수치, 부호 및 부호도

정답 ②

	지적공부	정보처리시스템
관 리	시장, 군수, 구청장	시, 도지사 + 시장, 군수, 구청장
보 관	지적서고	지적정보관리체계
보 존	영구히	영구히
반 출	천재지변 or 시, 도지사 승인	
열람/발급	해당 지적소관청	시, 군, 구 및 읍, 면, 동
복 제		국토교통부 장관

32-1. 지적서고의 구조(● 암기 : 20, 65년, 높이 10)

① 카드로 된 **토지대장·임야대장·공유지연명부·대지권등록부 및 경계점좌표등록부는** 100장 단위로 바인더(binder)에 넣어 보관
② **지적도면 및 일람도는** 지번부여지역별로 도면번호순으로 보관하되, **각 장별로** 보호대에 보관
③ 온도 및 습도 자동조절장치를 설치하고, 연중 평균온도는 섭씨 20 ± 5도를, 연중평균습도는 65 ± 5퍼센트를 유지
④ 지적공부 보관상자는 벽으로부터 15센티미터 이상, **높이는** 10센티미터 이상

33. ㉩, ㉫, ㉬, ㉭는

⇨ 지적정보 전담 관리기구의 설치에 필요한 요청자료이다.

국토교통부장관은 지적공부과세자료 등으로 활용하기 위하여 ① ㉩시지가전산자료, ② ㉫민등록전산자료, ③ ㉬관계등록전산자료, ④ 부동산㉭전산자료 등을 관리하는 기관에 요청할 수 있다.

34. 복구 ⟨결과⟩는 가능하나, 복구 ⟨계획⟩이나 ⟨준비⟩, ⟨의뢰⟩는 안 된다.

토지표시 사항의 복구자료 중 ① 측량⟨결과⟩도, 토지이동정리⟨결의⟩서는 가능하나, ② 측량수행⟨계획⟩서, 토지이용⟨계획⟩확인서, 지적측량⟨준비⟩도, 지적측량⟨의뢰⟩서는 안 된다.

공간정보의 구축 및 관리 등에 관한 법령상 지적공부의 복구에 관한 관계 자료가 아닌 것은?　33회

① 토지(건물)등기사항증명서 등 등기사실을 증명하는 서류

② 지적공부의 등본

③ 토지이동정리 결의서

④ 법원의 확정판결서 정본 또는 사본

⑤ 지적소관청이 작성하거나 발행한 지적공부의 등록내용을 증명하는 서류(부동산종합증명서)

⑥ 측량결과도

⑦ 토지이동정리 결의서

⑧ 토지이용계획확인서, 측량준비도

⑨ 지적측량 의뢰서

정답 ⑧⑨

공간정보의 구축 및 관리 등에 관한 법령상 지적공부의 복구에 관한 관계 자료에 해당하는 것을 모두 고른 것은?　35회

> ㉠ 측량 결과도
> ㉡ 법원의 확정판결서 정본 또는 사본
> ㉢ 토지(건물)등기사항증명서 등 등기사실을 증명하는 서류
> ㉣ 지적소관청이 작성하거나 발행한 지적공부의 등록내용을 증명하는 서류

① ㉠, ㉡　　　　　　　　　　　② ㉡, ㉢

③ ㉢, ㉣　　　　　　　　　　　④ ㉡, ㉢, ㉣

⑤ ㉠, ㉡, ㉢, ㉣

정답 ⑤

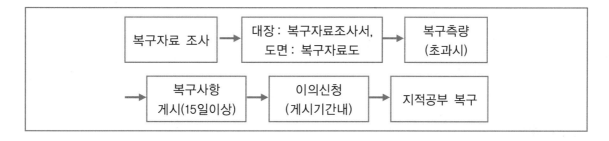

공간정보의 구축 및 관리 등에 관한 법령상 지적공부의 복구에 관한 설명으로 틀린 것은?

① 복구자료도에 따라 측정한 면적과 지적복구자료 조사서의 조사된 면적의 증감이 허용범위를 **초과**(이내×)하는 경우에는 **복구 측량**을 하여야 한다.

② 지적소관청이 지적공부를 복구하려는 경우에는 해당 토지의 **소유자에게** 지적공부의 **복구신청을** 하도록 통지하여야 한다.

③ **지적소관청**(정보처리시스템을 통하여 기록·저장한 지적공부의 경우에는 시·도지사, 시장·군수 또는 구청장)은 지적공부의 전부 또는 일부가 멸실되거나 훼손된 경우에는 **지체 없이** 이를 복구하여야 한다.

④ 소유자에 관한 사항은 부동산**등기부나 법원의 확정판결**에 따라 복구하여야 한다.

⑤ 지적공부의 등본, **개별공시지가 자료, 측량신청서 및 측량 준비도,** 법원의 확정판결서 정본 또는 사본은 지적공부의 복구자료이다.

⑥ 지적소관청은 조사된 복구자료 중 **토지대장·임야대장** 및 공유지연명부의 등록 내용을 증명하는 서류 등에 따라 지적복구자료 **조사서를** 작성하고, **지적도면의** 등록 내용을 증명하는 서류 등에 따라 **복구자료도를** 작성하여야 한다.

⑦ 토지이동정리 **결의서**는 지적공부의 복구에 관한 자료에 해당한다.

⑧ 지적공부를 복구할 때에는 멸실·훼손 당시의 지적공부와 가장 부합된다고 인정되는 관계 자료에 따라 토지의 표시에 관한 사항을 복구하여야 한다. 다만, 소유자에 관한 사항은 부동산**등기부나 법원의 확정판결**에 따라 복구하여야 한다.

정답 ②⑤

35. 부동산종합공부의 등록사항은

(소),(표),(이용),(권),(가격)이다

(1) 토지의 (소)유자와 (표)시에 관한 사항

(2) 건축물의 (소)유자와 (표)시에 관한 사항

(3) 토지의 (이용) 및 규제에 관한 사항

(4) 부동산 등기 (권)리사항

(5) 부동산의 (가격)=개별공시지가에 관한 사항은 부동산종합공부의 등록사항이다

1. 관리,복제	지적소관청이
2. 열람/발급	지적소관청 or 읍,면,동장에게 신청
3. 오류정정	지적공부등록사항 오류정정 준용(신청 or 직권), 토지소유자는 지적소관청에 정정신청(읍,면,동장×)

공간정보의 구축 및 관리 등에 관한 법령상 부동산종합공부의 등록사항에 해당하지 않는 것은? 33회

① 토지의 이용 및 규제에 관한 사항 : 「토지이용규제 기본법」 제10조에 따른 토지이용계획확인서의 내용

② 건축물의 표시와 소유자에 관한 사항(토지에 건축물이 있는 경우만 해당한다) : 「건축법」 제38조에 따른 건축물대장의 내용

③ 토지의 표시와 소유자에 관한 사항 : 「공간정보의 구축 및 관리 등에 관한 법률」에 따른 지적공부의 내용

④ 부동산의 가격에 관한 사항 : 「부동산 가격공시에 관한 법률」 제10조에 따른 개별공시지가, 같은 법 제16조, 제17조 및 제18조에 따른 개별주택가격 및 공동주택가격 공시내용

⑤ 부동산의 효율적 이용과 토지의 적성에 관한 종합적 관리·운영을 위하여 필요한 사항 : 「국토의 계획 및 이용에 관한 법률」 제20조 및 제7조에 따른 토지적성평가서의 내용

⑥ 부동산의 **보상**에 관한 사항 : 「공익사업을 위한 토지 등의 취득 및 보상에 관한 법률」 제68조에 따른 부동산의 보상 가격 내용

정답 ⑤⑥

공간정보의 구축 및 관리 등에 관한 법령상 부동산종합공부에 대한 설명으로 틀린 것은?

① 부동산종합공부를 열람하거나 부동산종합공부 기록사항의 전부 또는 일부에 관한 증명서를 **발급**받으려는 자는 **지적소관청이나(시, 도지사×)** 읍·면·동의 장에게 신청할 수 있다.

② 부동산종합공부를 **열람**하려는 자는 **지적소관청이나 읍·면·동의 장**에게 신청할 수 있으며, 부동산종합공부 기록사항의 전부 또는 일부에 관한 **증명서를 발급**받으려는 자는 시·도지사에게 신청하여야 한다.

③ 지적소관청은 부동산종합공부의 등록사항정정을 위하여 등록사항 상호 간에 일치하지 아니하는 사항을 확인 및 관리하여야 한다.

④ 토지소유자는 부동산종합공부의 토지의 표시에 관한 사항의 등록사항에 잘못이 있음을 발견하면 **지적소관청이나 읍·면·동의 장**에게 그 **정정**을 신청할 수 있다.

⑤ **지적소관청(국토교통부장관×)**은 부동산의 효율적 이용과 부동산과 관련된 정보의 종합적 관리·운영을 위하여 **부동산종합공부를 관리·운영**한다.

⑥ **지적소관청은 부동산종합공부를 영구히** 보존하여야 하며, 부동산종합공부의 멸실 또는 훼손에 대비하여 이를 별도로 **복제하여** 관리하는 정보관리체계를 구축하여야 한다.

⑦ 지적소관청은 부동산종합공부의 등록사항 중 등록사항 상호 간에 일치하지 아니하는 사항에 대해서는 등록사항을 관리하는 기관의 장에게 그 내용을 통지하여 등록사항 정정을 요청할 수 있다.

⑧ 지적소관청은 「부동산등기법」 제48조에 따른 **부동산의 권리에 관한(표시사항×)** 사항을 부동산종합공부에 등록하여야 한다.

정답 ②④

종류	대상토지	신청의무 (60일), 과태료 ×	지적 측량	등기 촉탁	특징
신규 등록	공유수면매립지	사유발생일 ○	반드시○	×	"등"자 나오면 틀린다
등록 전환	등, 산, 계획, 임, 임	○	반드시○	○	초권, 이등
분할	소, 경, 매, 용	1) 원칙 : × 2) 용도변경	반드시○	○	지목(용도)변경시 신청의무○
합병	부여, 소, 목, 축, 연, 등, 신, 임, 창, 용, 승	1) 원칙 : × 2주공.수, 학, ~(짝수)	×	○	지적측량 ×
지목 변경	국계형질+용도+ 합병	○	×	○	지적측량 ×
바다 말소	1) 원상회복× 2) 다른지목변경×	통지받은날 90일	전부× 일부○	○	지적공부정리수수료 ×, 측량비용부담×

36. ㉮,㉠,㉡는 토지이동이 아니다.

① ㉮별공시지가변경, ② ㉠유자변경, ③ 소유자의 ㉡소변경은 토지이동이 아니다

문제 34

다음 중 토지소유자가 지적소관청에 신청할 수 있는 토지이동 종목이 아닌 것은?　　26회

① 신규등록　　　　　② 분할　　　　　③ 지목변경
④ 등록전환　　　　　⑤ 소유자변경

정답 ⑤

---

37. 신규등록은 ㉲ 자만 나오면 틀린다

① 『㉲』기 촉탁하지 않는다

② 소유권증명서류 제출서류에는 『㉲기』사항증명서는 포함되지 않는다

③ 소유자의 등록은 『㉲』기부를 통하여 정리하지 않고 지적소관청이 직접 조사하여 등록한다

38. 신규등록신청시 첨부서류(소유권증명서류)는

⇨ 이 ㉣ ㉤ ㉥ ㉠ 리다

① '공유수면매립법'에 의한 (㉣)공검사확인증 사본

② 도시계획구역의 토지를 지방자치단체의 명의로 등록하는 때에는 (㉤)획재정부장관과 협의한
　문서의 사본

③ 법원의 확정(판)결서 정본 또는 사본

④ 그 밖에(소)유권을 증명할 수 있는 서류의 사본

신규등록에 관한 설명 중 옳은 것은?

① 토지소유자는 신규등록할 토지가 있으면 대통령령으로 정하는 바에 따라 그 사유가 발생한 날부터 30일 이내에 지적소관청에 신규등록을 신청하여야 한다.

② 지적소관청은 신규등록하는 경우 지적공부의 소유자란은 등기소의 통지에 따라 등록한다.

③ 신규등록하는 경우 소유권에 관한 증명서면으로 법원의 확정판결서, 준공검사확인증사본, 등기사항증명서등을 첨부하여야 한다.

④ 신규등록신청시 어느 하나에 해당하는 서류를 해당 지적소관청이 관리하는 경우에는 지적소관청의 확인으로 그 서류의 제출을 갈음할 수 있다.

⑤ 지적소관청은 신규등록을 하면 토지표시사항을 일치시키기 위하여 등기소에 등기촉탁을 한다.

정답 ④

신규등록신청시 지적소관청에 제출할 서류에 해당되지 않는 것은?   23회

① '공유수면매립법'에 의한 준공검사확인증 사본

② 도시계획구역의 토지를 지방자치단체의 명의로 등록하는 때에는 기획재정부장관과 협의한 문서의 사본

③ 등기필 정보

④ 법원의 확정판결서 정본 또는 사본

⑤ 소유권을 증명할 수 있는 서류의 사본

⑥ **지형도면**에 고시된 도시관리계획도 사본

정답 ③⑥

39. (등)록전환 대상토지

⇨ (등)(산) 할 (계획) (임), (임)

① (산)지관리법에 따른 산지전용허가, 건축법에 따른 건축허가 등 관계 법령에 따른 개발행위허가를 받은 경우

② 도시,군관리(계획)선에 따라 토지를 분할하는 경우

③ (임)야도에 등록된 토지가 사실상 형질변경 되었으나 지목변경 할 수 없는 경우

④ 대부분 토지가 등록전환되어 나머지 토지를 (임)야도에 계속 존치하는 것이 불합리한 경우는 등록전환대상토지이다

39-1. (등),(초)(권), (이)(등)

(등)록전환을 하는 경우: 임야대장의 면적과 등록전환될 면적의 차이가 ① 허용범위를 (초)과하는 경우에는 임야대장의 면적을 지적소관청이 직((권))으로 정정하고, ② 허용범위 ((이))내인 경우에는 ((등))록전환될 면적을 등록전환면적으로 결정한다.

문제 37

등록전환에 관련된 설명으로 옳지 않은 것은?   31회 변형

① 임야소유자가 **산지관리법**에 의한 산지전용허가, 「건축법」에 따른 건축허가 또는 그 밖의 관계 법령에 따른 개발행위 허가 등을 받은 경우는 등록전환 할 수 있다.

② **임야도에** 등록된 토지가 사실상 형질변경되었으나 지목변경을 할 수 없는 경우에는 지목변경 없이 등록전환을 신청할 수 있다.

③ 대부분의 토지가 등록전환되어 나머지 토지를 **임야도에** 계속 존치하는 것이 불합리한 토지는 지목변경 없이 등록전환을 신청할 수 있다.

④ 임야대장의 면적과 등록전환될 면적의 차이가 법령에 규정된 허용범위를 **초과**하는 경우 임야대장의 면적 또는 임야도의 경계는 지적소관청이 **직권**(소유자의 신청×)으로 정정한다.

⑤ 임야대장의 면적과 등록전환될 면적의 차이가 오차허용범위 이내인 경우에는 **등록전환**될 면적을 (임야대장의 면적×) 등록전환면적으로 한다.

⑥ 토지소유자는 등록전환 사유가 발생한 날부터 **60일** 이내에 소관청에 신청하며, 등록전환 대상토지는 기등록된 인접 토지와 동일한 축척으로 등록한다.

⑦ 지적소관청이 등록전환에 따라 지적공부를 정리한 경우 지체 없이 등기관서에 그 **등기를 촉탁**하여야 한다.

⑧ 임야소유자가 건축물의 사용승인을 받은 후 지목의 변경을 수반하는 등록전환을 실시하기 위해서는 **반드시 지적측량을** 의뢰해야 한다.

정답 없음

40. 분할대상토지

⇨ (소),(경),(매),(용) 으로 (분할) 하다

① ((소))유권이전을 위하여

② 토지 이용상 불합리한 지상((경))계를 시정하기 위하여

③ ((매))매 등을 위하여 분할할 수 있다

④ 1필지의 일부가 형질변경 등으로 ((용))도가 다르게 된 때에는 토지를 분할하여야 한다(60일 신청 의무)

40-1. (분), (이), (나)

토지를 (분)할하는 경우 분할 전후의 면적의 차이가 ① 허용범위 (이)내인 경우에는 그 오차를 분할 후의 각 필지의 면적에 따라 (나)누고, ② 허용범위를 초과하는 경우에는 지적공부상의 면적 또는 경계를 정정하여야 한다

문제 38

분할 신청에 관한 설명이다. 옳지 않은 것은?

① 소유권이전, 매매 등을 위하여 필요한 경우나 토지이용상 **불합리한 지상경계를 시정**하기 위한 경우도 토지의 분할을 할 수 있다.

② 토지소유자는 지적공부에 등록된 1필지의 일부가 형질변경 등으로 용도가 변경된 경우에는 대통령령으로 정하는 바에 따라 용도가 변경된 날부터 60일 이내에 지적소관청에 토지의 분할을 신청하여야 한다.

③ 분할을 위하여 면적을 정함에 있어서 오차가 발생한 경우 그 오차가 허용범위 **이내(초과×)**인 때에는 그 오차를 분할 후의 각 필지에 **나누고**, 허용범위를 **초과**하는 경우에는 지적공부상의 면적 또는 경계를 정정하여야 한다.

④ 토지이용상 불합리한 지상 경계를 시정하기 위한 경우 분할을 하는 경우 지상건축물이 걸리게 분할 할 수 없다.

⑤ **공공사업으로** 도로를 개설하기 위하여 토지를 분할하는 경우에는 지상건축물이 걸리게 지상경계를 결정할 수 있다(없다×).

⑥ 토지를 분할하는 경우 주거, 사무실 등의 **건축물**이 있는 필지에 대하여는 분할 전 지번을 **우선**하여 부여하여야 한다.

⑦ 분할을 위한 측량을 의뢰하고자 하는 경우 **지적측량 수행자**(지적소관청×)에게 하여야 한다.

⑧ 매도할 토지가 분할 허가 대상인 경우에는 분할사유를 기재한 신청서에 허가서 사본을 첨부하여야 한다.

⑨ 분할측량을 하는 때에는 분할되는 필지마다 **면적을 측정하지** 않아도 된다.

⑩ 분할에 따른 지상경계는 지상건축물을 걸리게 **결정하지 않는 것이** 원칙이다.

⑪ 분할측량을 하고자 하는 경우에는 지상경계점에 경계점 표지를 설치한 후 측량할 수 있다.

정답 ⑨

41. (부여)에 가면 (소)도 (목),(축)하고, (연), (등)도 켜야 합병할 수 있다.

합병가능 : 합필 (신) (임) (창) (용) (승)이야 ★	합병 불가능
❶ 등기사항이 동일한 (신)탁등기	㉠ 저당권
❷ (임)차권의 등기	㉡ 요역지
❸ (창)설적 공동저당(접수번호 동일한 저당권)등기	㉢ 추가적공동저당(접수번호다른저당권)
❹ (용)익물권(전세권+지상권+(승)역지 지역권)등기	㉣ 가등기
	㉤ 가압류,가처분,경매결정등기

42. 의무적 합병대상 토지는

⇨ (주)(공)! (수)(학)(도) (철) 저((제))이 (하)(구)(유) (공)(공)(체)이다(**짝수** 지목이다)

① (주)택법에 의한 (공)동주택부지

② (수)도용지,(학)교용지,(도)로,(철)도,(제)방, (하)천,(구)거,(유)지,(공)원,(공)장용지, (체)육용지는 <u>의무적 합병대상 토지이다</u>

문제 39

다음은 부동산의 합병에 관한 설명이다. 옳지 못한 설명은?

① **승역지(承役地)**에 대한 지역권의 등기에는 합병 신청을 할 수 있다.

② 합병의 대상이 되는 모든 부동산에 등기원인과 접수일자, 접수번호가 동일한(다른×) **저당권이** 설정되어 있는 경우 합병할 수 있다.(창)

③ 어느 한 부동산에 **임차권설정등기**가 있는 경우에는 합병할 수 있다.

④ **지상권이 설정된 토지**와 **전세권이** 설정된 토지는 양립이 불가능한 권리이므로 합병 신청을 할 수 없다.(용)

⑤ 어느 한 토지에 **가처분등기**가 있는 경우에는 합병할 수 없다.

정답 ④

다음은 부동산의 합병에 관한 설명이다. 옳지 못한 설명은?

① A토지에 乙의 **지상권**, B토지에 丙의 **지상권등기**가 있는 경우 합병할 수 있다.

② A토지에 乙의 **전세권**, B토지에 丙의 **전세권등기**가 있는 경우 합병할 수 있다.

③ A토지에 乙의 **가압류**, B토지에 丙의 **가압류등기**가 있는 경우 합병할 수 있다.

④ A, B토지 모두에 등기원인 및 그 연월일과 접수번호가 **동일한 乙의 전세권등기**가 있는 경우 합병할 수 있다.

⑤ 합병하려는 토지의 **지번부여지역, 지목 또는 소유자가 서로 다른** 경우 합병할 수 없다.

⑥ 합병하려는 토지의 소유자에 대한 **소유권이전등기 연월일이 서로 다른** 경우 합병할 수 없다.

⑦ 합병하려는 각 필지가 서로 **연접하지 않는** 경우 합병할 수 없다.

⑧ 합병하려는 토지의 소유자별 **공유지분이 다른(같은×)** 경우 합병할 수 없다.

⑨ 합병하려는 토지의 지적도 및 임야도의 **축척이 서로** 다른 경우 합병할 수 없다.

⑩ 합병하려는 토지가 **등기된 토지와 등기되지 아니한** 토지인 경우 합병할 수 없다.

⑪ 합병에 따른 **면적은** 따로 **지적측량을 하지 않고** 합병 전 각 필지의 면적을 **합산**하여 합병 후 필지의 면적으로 결정한다.

⑫ 토지소유자가 합병 전의 필지에 주거·사무실 등의 **건축물**이 있어서 그 건축물이 위치한 지번을 합병 후의 지번으로 **신청할 때**에는 그 지번을 합병 후의 지번으로 부여하여야 한다.

⑬ 합병에 따른 **경계는** 따로 지적측량을 하지 않고 합병 전 각 필지의 경계 중 합병으로 필요 없게 된 부분을 **말소**하여 합병 후 필지의 경계로 결정한다.

⑭ 지적소관청은 토지소유자의 합병신청에 의하여 **토지의 이동**이 있는 경우에는 지적공부를 정리하여야 하며, 이 경우에는 **토지이동정리 결의서(소유자정리결의서×)**를 작성하여야 한다.

⑮ 토지소유자는 **도로, 제방, 하천, 구거, 유지**의 토지로서 합병하여야 할 토지가 있으면 그 사유가 발생한 날부터 60일(**90일×**) 이내에 지적소관청에 **합병**을 신청하여야 한다.

정답 ③⑥

다음은 합병의 신청의무가 있는 토지이다. 틀린 것은?

㉠ 아파트, 연립주택 등 공동주택의 부지	㉡ 수도용지, 학교용지, 도로, 철도용지
㉢ 제방, 하천, 구거, 유지 등의 공공용지	㉣ 종교용지, 유원지, 과수원
㉤ 전, 답, 대	㉥ 공장용지, 공원, 체육용지

① ㉠, ㉤

② ㉡, ㉣

③ ㉡, ㉢

④ ㉢, ㉥

⑤ ㉣, ㉤

정답 ⑤

43. 지목변경대상 토지

⇨ (국토 + 형질)과 (용도)가 (합병)하면 지목변경된다

① '(국토)의 계획 및 이용에 관한 관계 법령'에 의한 토지의 (형질)변경 등의 공사가 준공된 토지

② 토지 또는 건물의 (용도)가 변경된 경우

③ 도시개발사업등의 경우 사업시행자가 공사준공 전에 토지의 (합병)을 신청하는 경우는 지목변경 대상토지이다.

문제 42

다음 중 지목변경에 관한 설명이다. 틀린 것은?

① 토지가 **일시적, 임시적인** 용도로 바뀌면 지목변경할 수 **없다**(있다×)

② 「**국토의 계획 및 이용에 관한 법률**」등 관계 법령에 따른 토지의 **형질변경** 등의 공사가 준공된 토지는 **지목변경**(등록전환×)할 수 있다.

③ **건축물의 용도가** 변경된 토지는 지목변경할 수 있다(없다×)

④ **토지의** (용도)가 변경된 토지는 지목변경할 수 있다.

⑤ 도시개발사업 등의 원활한 사업추진을 위하여 **사업시행자가**(토지소유자×) 공사 준공 전에 토지의 **합병**(분할×)을 신청하는 경우 지목변경할 수 있다.

⑥ 지목을 변경하기 위해서는 **지적측량을** 해야 한다.

⑦ 토지소유자는 지목변경을 할 토지가 있으면 그 사유가 발생한 날부터 **60일 이내**에 지적소관청에 지목변경을 신청하여야 한다.

⑧ **전·답·과수원 상호간**의 지목변경을 신청하는 경우에는 토지의 용도가 변경되었음을 증명하는 서류의 사본 첨부를 생략할 수 있다(없다×)

⑨ 지목변경 신청에 따른 첨부서류를 해당 **지적소관청이 관리**하는 경우에는 지적소관청의 확인(**시·도지사의 확인**×)으로 그 서류의 제출을 갈음할 수 있다.

정답 ⑥

44. 토지이동의 대위 신청권자는

⇨ (관),(행),(사),(채)이다

① 「주택법」에 따른 공동주택의 부지인 경우 : 「집합건물의 소유 및 관리에 관한 법률」에 따른 (관)리인(관리인이 없는 경우에는 공유자가 선임한 대표자) 또는 해당 사업의 시행자

② 국가나 지방자치단체가 취득하는 토지인 경우 : 해당 토지를 관리하는 (행)정기관의 장 또는 지방자치단체의 장

③ 공공사업 등에 따라 학교용지·도로·철도용지·제방·하천·구거·유지·수도용지 등의 지목으로 되는 토지인 경우 : 해당 (사)업의 시행자

④ 민법 제404조의 (채)권자의 대위신청

문제 43

「공간정보의 구축 및 관리에 관한 법령」상 토지소유자가 하여야 하는 신청을 대위할 수 있는 자가 아닌 것은?

① 「주택법」에 의한 공동주택의 부지의 경우에는 「집합건물의 소유 및 관리에 관한 법률」에 의한 관리인 및 사업시행자

② 국가 또는 지방자치단체가 취득하는 토지의 경우에는 그 토지를 관리하는 행정기관장 또는 지방자치단체의 장

③ 공공사업 등으로 인하여 학교용지·도로·철도용지·제방 등의 지목으로 되는 토지의 경우에는 그 사업시행자

④ 민법 제404조(채권자의 대위신청)의 규정에 의한 채권자

⑤ 전세권자와 지상권자

정답 ⑤

45. 축척변경절차는

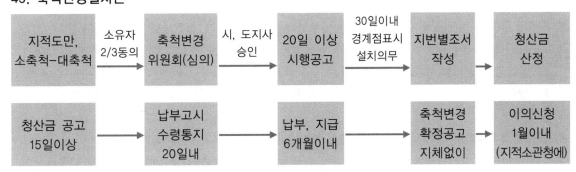

⇨ 2/3(동).20(시),30(경), (청산)가리15개,(고)(통) 20배 (6.6.1)

① 토지소유자의 3분의 2이상의 (동)의

② 20일 이상 축척변경(시)행공고

③ 30일 이내 (경)계점표시의무

④ (청산)금은 15일 이상공고

⑤ 20일 이내에 납부(고)지, 수령(통)지

⑥ 소유자는 6월내 납부, 지적소관청은 6월내 지급

⑦ 청산금 납부고지, 수령통지일로부터 1월내에 지적소관청에 이의신청

문제 44

공간정보의 구축 및 관리 등에 관한 법령상 축척변경에 따른 청산금에 관한 이의신청에 대한 설명이다. 틀린 것은?

① 지적소관청은 축척변경을 하려면 축척변경 시행지역의 **토지소유자 2/3 의(1/2×) 동의**를 받아 축척변경위원회의 의결을 거친 후 **시, 도지사의 승인**을 받아야 한다.

② 지적소관청은 시·도지사 또는 대도시 시장으로부터 축척변경 승인을 받았을 때에는 지체 없이 축척변경의 목적, 시행지역 및 시행기간, 축척변경의 시행에 관한 세부계획, 축척변경의 시행에 따른 청산금액의 내용, 축척변경의 시행에 따른 토지소유자 등의 협조에 관한 사항을 20일(15일×) 이상 공고하여야 한다.

③ 축척변경시행지역 안의 **토지 소유자 또는 점유자**(지적소관청×)는 시행공고가 있는 날부터 **30일** 이내에 시행공고일 현재 **점유**(소유×)하고 있는 경계에 경계점표지를 설치하여야 한다.

④ 청산금 산출조서를 작성한 후에는 청산금을 결정하였다는 뜻을 **15일 이상 공고**하여야 한다.

④-1 지적소관청은 축척변경에 관한 측량을 한 결과 측량 전에 비하여 면적의 증감이 있는 경우에는 그 증감면적에 대하여 청산을 하여야 한다. 다만, 토지소유자 전원(3분의 2 이상×)이 청산하지 아니하기로 합의하여 서면으로 제출한 경우에는 그러하지 아니하다.

⑤ 지적소관청은 청산금의 결정을 공고한 날부터 **20일(15×)** 이내에 토지소유자에게 청산금의 납부고지 또는 수령통지를 하여야 한다.

⑥ 청산금을 납부고지 받은 자는 그 고지 받은 날로부터 **6개월(3개월×)** 이내에 청산금을 납부하여야 한다.

⑦ 납부고지되거나 수령통지된 청산금에 관하여 이의가 있는 자는 납부고지 또는 수령통지를 받은 날부터 **1월내(30일×)**에 **지적소관청**(축척변경위원회×)에 이의신청을 할 수 있다.

⑧ 이의신청을 받은 지적소관청은 1월내에 축척변경위원회의 심의·의결을 거쳐 그 인용(認容)여부를 결정한 후 지체 없이 그 내용을 이의신청인에게 통지하여야 한다.

⑨ 지적소관청은 청산금의 수령통지를 한 날로부터 **3개월** 이내에 청산금을 **지급**하여야 한다.

⑩ 지적소관청은 청산금을 지급 받을 자가 행방불명 등으로 받을 수 없거나 받기를 거부할 때에는 그 **청산금을 공탁할** 수 있다(중단한다×).

⑪ 축척변경에 관한 사항을 심의·의결하기 위하여 **지적소관청**(국토교통부×)에 축척변경위원회를 둔다.

⑫ 축척변경위원회의 위원장은 위원 중에서 **지적소관청이 지명**(지적담당국장×)한다.

⑬ 지적소관청은 축척변경에 관한 측량을 완료하였을 때에는 축척변경 신청일 현재의 지적공부상의 면적과 측량 후의 **면적을 비교**하여 그 변동사항을 표시한 **지번별조서**(토지이동현황 조사서×)를 작성하여야 한다.

⑭ **청산금의 납부 및 지급**이 완료되었을 때에는 지적소관청은 **지체 없이** 축척변경의 확정공고(시행 공고×)를 하여야 하며, 확정공고 사항에는 토지의 소재 및 지역명, 축척변경 지번별 조서, 청산금 조서, 지적도의 축척이 포함되어야 한다.

정답 ⑨

공간정보의 구축 및 관리 등에 관한 법령상 축척변경에 관한 설명으로 옳은 것은? 35회

① 도시개발사업 등의 시행지역에 있는 토지로서 그 사업시행에서 제외된 토지의 축척변경을 하는 경우 축척변경위원회의 심의 및 시·도지사 또는 대도시 시장의 승인을 받아야 한다.

② 지적소관청은 시·도지사 또는 대도시 시장으로부터 축척변경 승인을 받았을 때에는 지체 없이 축척변경의 목적, 시행지역 및 시행기간, 축척변경의 시행에 관한 세부계획, 축척변경의 시행에 따른 청산금액의 내용, 축척변경의 시행에 따른 토지소유자 등의 협조에 관한 사항을 15일 이상 공고하여야 한다.

③ 지적소관청은 축척변경에 관한 측량을 한 결과 측량 전에 비하여 면적의 증감이 있는 경우에는 그 증감면적에 대하여 청산을 하여야 한다. 다만, 토지소유자 3분의 2 이상이 청산하지 아니하기로 합의하여 서면으로 제출한 경우에는 그러하지 아니하다.

④ 지적소관청은 청산금을 내야 하는 자가 납부고지를 받은 날부터 1개월 이내에 청산금에 관한 이의신청을 하지 아니하고, 고지를 받은 날부터 3개월 이내에 지적소관청에 청산금을 내지 아니하면 「지방행정제재·부과금의 징수 등에 관한 법률」에 따라 징수할 수 있다.

⑤ 청산금의 납부 및 지급이 완료되었을 때에는 지적소관청은 지체 없이 축척변경의 확정공고를 하여야 하며, 확정공고 사항에는 토지의 소재 및 지역명, 축척변경 지번별 조서, 청산금 조서, 지적도의 축척이 포함되어야 한다.

정답 ⑤

46. 축척변경위원회기능은

⇨ 축척변경위원회 사람들은 ((시))((청))((청))((소))한다

① 축척변경 ((시))행계획

② 청산금산출시 제곱미터당 금액의 결정 및 (청)산금 산정에 관한 사항

③ ((청))산금 이의신청가격

④ 지적((소))관청이 부의한 사항 등을 결정함

다음 중 축척변경위원회에서 심의·의결할 사항이 아닌 것은? 27회

① 축척변경 시행계획에 관한 사항
② 청산금 산정시 지번별 제곱미터당 금액의 결정에 관한 사항
③ 축척변경 승인에 관한 사항
④ 청산금의 이의신청에 관한 사항
⑤ 지적소관청이 부의한 사항

정답 ③

46-1. 축척변경위원회는 5, 10, 2이다.

① 5 이상 10명 이하의 위원으로 구성하되,

② 위원의 2분의 1 이상을 토지소유자로 하여야 한다.

③ 토지소유자가 5 이하일 때에는 토지소유자 전원을 위원으로 위촉하여야 한다.

문제 47

공간정보의 구축 및 관리 등에 관한 법령상 축척변경위원회의 구성에 관한 내용이다. 틀린 것은?

① 축척변경위원회는 5명 이상 10명 이하의 위원으로 구성하되, 위원의 2분의 1 이상(2/3×)을 토지소유자로 하여야 한다. 이 경우 그 축척변경 시행지역의 토지소유자가 5인 이하일 때에는 토지소유자 전원을 위원으로 위촉하여야 한다. 위원장은 위원 중에서 지적소관청이 지명한다.

② 축척변경위원회는 **위원의 1/2(3분의 1×)이상을 토지소유자**로 하여야 한다.

③ 축척변경위원회는 축척변경**시행계획에** 관한 사항을 심의 의결한다.

④ 축척변경위원회는 5인 이상 20인 이내의 위원으로 구성한다.

⑤ 축척변경위원회는 **청산금의 산정에** 관한 사항을 심의 의결한다.

⑥ 축척변경위원회는 **청산금의 이의신청에** 관한 사항을 심의 의결한다.

⑦ 축척변경위원회의 회의는 위원장을 포함한 재적위원 **과반수의 출석**으로 개의(開議)하고, 출석위원 과반수의 찬성으로 의결한다.

⑧ 위원은 해당 축척변경 시행지역의 토지소유자로서 지역 사정에 정통한 사람과 지적에 관하여 전문지식을 가진 사람 중에서 **지적소관청이 위촉**한다.

정답 ④

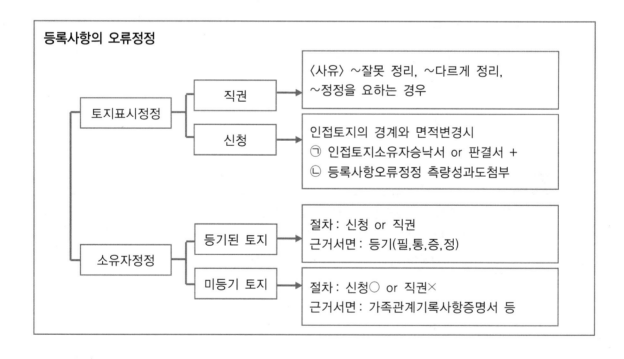

47. 직권정정사유

⇨ ①② (결의서or성과)다르게 직권, ③ (면적환산)잘못직권, ④ (잘못입력)직권, ⑤ (당시잘못)직권, ⑥ (경계위치)잘못직권, ⑦ (지적위원회)직권, ⑨ (각하)직권으로 등록사항오류를 정정 할 수 있다.

① 토지이동정리 (결의서)내용과 다르게 정리된 경우

② 지적측량 (성과)와 다르게 정리한 경우

③ 척관법에서 미터법으로 (면적환산)이 잘못된 경우

④ 지적공부에 등록사항이 (잘못입력)된 경우

⑤ 지적공부 작성 또는 재작성 (당시)잘못 정리한 경우

⑥ 지적도에 등록된 필지가 면적의 증감없이 (경계위치)잘못된 경우

⑦ 지방 (지적위원회) 또는 중앙지적위원회의 의결서 사본을 받은 지적소관청이 그 내용에 따라 지적공부의 등록사항을 정정하여야 하는 경우

⑧ 합필등기신청의 (각하)에 따른 등기관의 통지가 있는 경우(단, 지적소관청이 착오로 잘못 합병한 경우)

문제 48

공간정보의 구축 및 관리 등에 관한 법령상 지적소관청이 지적공부의 등록사항에 잘못이 있는지를 직권으로 조사·측량하여 정정할 수 없는 경우를 모두 고른 것은?

① 지적공부의 작성 또는 재작성 당시 잘못 정리된 경우

② 지적도에 등록된 필지의 경계가 지상 경계와 일치하지 않아 면적의 증감이 있는 경우

③ 지적공부의 등록사항이 잘못입력된 경우

④ 지적측량성과도와 다르게 정리된 경우

⑤ 토지이용계획서의 내용과 다르게 정리된 경우

⑥ 측량 준비 파일과 다르게 정리된 경우

⑦ 연속지적도가 잘못 작성된 경우

⑧ 등기부상의 토지의 표시가 지적공부와 부합되지 아니한 경우

정답 ②⑤⑥⑦⑧

공간정보의 구축 및 관리 등에 관한 법령상 지적소관청이 지적공부의 등록사항의 정정에 관한 설명이다. 틀린 것은?

① 토지이동의 **대위신청권자도** 지적공부등록사항에 오류가 있으면 정정을 신청할 수 없다(있다×).

② 등기부에 기재된 **토지의 표시가** 지적공부와 부합되지 아니하는 경우에는 지적소관청이 직권으로 정정할 수 있다.

③ 도면에 등록된 필지가 면적의 증감 없이 **경계의 위치만 잘못** 등록된 경우에는 직권으로 정정할 수 있다(없다×).

④ 등기된 토지의 지적공부 등록사항정정 내용이 토지의 소유자(**토지의 표시에**×) 관한 사항인 경우 등기필증, 등기사항증명서 또는 등기관서에서 제공한 등기전산정보자료에 의하여 정정하여야 한다.

⑤ **미등기 토지에** 대하여 토지소유자의 성명 또는 명칭, 주민등록번호, 주소 등에 관한 사항의 정정을 **신청(직권×)으로** 한 경우로서 그 등록사항이 명백히 잘못된 경우에는 **가족관계 기록사항에 관한 증명서(주민등록 등초본**×)에 따라 정정하여야 한다.

⑥ 지적공부의 등록사항이 **토지이동정리경의서의 내용과** 다르게 정리된 경우 소관청이 직권으로 조사·측량하여 정정할 수 있다(없다×).

⑦ 토지소유자가 경계 또는 면적의 변경을 가져오는 등록사항에 대한 정정신청을 하는 때에는 정정사유를 기재한 신청서에 **등록사항정정측량성과도**를 첨부하여 지적소관청에 제출하여야 한다.

⑧ 등록사항정정대상토지에 대한 대장을 열람하게 하거나 등본을 발급하는 때에는 '**등록사항정정대상토지**'라고 기재한 부분을 흑백의 반전으로 표시하거나 **붉은색으로** 기재하여야 한다.

⑨ 지적소관청은 토지의 표시가 잘못되었음을 발견하였을 때에는 (㉠**지체없이**) 등록사항정정에 필요한 서류와 등록사항정정 측량성과도를 작성하고, 「공간정보의 구축 및 관리 등에 관한 법률 시행령」 제84조 제2항에 따라 토지이동정리 결의서를 작성한 후 대장의 사유란에 (㉡**등록사항정정대상토지**)라고 적고, 토지소유자에게 등록사항정정 신청을 할 수 있도록 그 사유를 통지하여야 한다.

정답 ②

48. (소),(신) 없는 자는 등기촉탁하지 않는다

① 지적공부의 ((소))유자 정리,

② ((신))규등록은 등기촉탁사유가 아니다.

문제 50

다음 중 등기촉탁이 불필요한 경우는?   23회,35회

> ㉠ 지번의 변경을 한 경우
> ㉡ 소유자를 정리 한 때
> ㉢ 신규등록을 한 때
> ㉣ 축척변경을 한 때
> ㉤ 행정구역의 개편으로 새로이 지번을 정한 때
> ㉥ 바다로 된 토지의 등록을 말소한 경우

① ㉠, ㉡   ② ㉡, ㉢
③ ㉢   ④ ㉠, ㉥
⑤ ㉤, ㉥

정답 ②

---

49. (직권),(대),(사)는 지적정리 통지하지만, (소), (소)는 토지 소유자에게 지적정리통지하지 않는다.

① 지적소관청이 (직권)으로 지적공부를 정리한 경우

② (대)위신청에 의하여 정리한 경우

③ 도시개발사업지역에서 (사)업시행자의 신청에 의하여 정리한 경우에는 지적정리 통지하지만,

   ㉠ 토지(소)유자의 신청에 의하여 지적정리를 한 때

   ㉡ 등기관서의 등기완료통지서에 의하여 지적공부에 등록된 토지(소)유자의 변경사항을 정리한 때에는 지적소관청이 지적공부를 정리한 후에 토지소유자에게 그 통지를 하지 않는다.

지적법령에 따라 지적정리를 한 때 지적소관청이 토지소유자에게 통지하여야 하는 경우가 아닌 것은?

20회

> ㉠ 바다로 된 토지에 대하여 토지소유자의 등록말소신청이 없어 지적소관청이 직권으로 지적공부를 말소한 때
> ㉡ 지번부여지역의 일부가 행정구역의 개편으로 다른 지번부여지역에 속하게 되어 새로이 지번을 부여하여 지적공부에 등록한 때
> ㉢ 대위신청권자의 신청에 의하여 지적소관청이 지적정리를 한 때
> ㉣ 토지개발사업등으로 토지이동이 있을 때 그 사업시행자가 지적소관청에 토지이동을 신청하여 정리한 때
> ㉤ 토지소유자의 신규등록신청에 의하여 지적공부에 등록한 때
> ㉥ 등기관서의 등기완료통지서에 의하여 지적공부에 등록된 토지소유자의 변경사항을 정리한 때

① ㉠, ㉡
② ㉡, ㉢
③ ㉢, ㉤
④ ㉣, ㉥
⑤ ㉤, ㉥

정답 ⑤

---

50. 지적공부의 소유자 정리는

⇨ 표,정, 없고, 열,정, 있다 이다

① 등기부에 적혀있는 토지의 (표)시가 지적공부와 일치하지 아니하면 등기필정보, 등기완료통지서, 등기사항증명서 또는 등기전산자료등에 따라 소유자를 (정)리할 수 (없고)

② 지적소관청은 필요하다고 인정하는 경우에는 등기부를 (열)람하여 지적공부와 부동산등기부가 일치하는지 여부를 조사, 확인하여 일치하지 아니하는 사항을 발견하면 등기사항증명서에 따라 지적공부를 직권으로 (정)리할 수 (있다).

지적공부의 소유권정리에 관한 설명이다. 옳지 못한 내용은?

① 지적소관청은 **토지소유자의 변동** 등에 따른 지적공부를 정리하고자 하는 경우에는 소유자정리결의서(**토지이동정리결의서×**)를 작성하여야 한다.

② 지적공부에 등록된 토지소유자의 변경사항은 등기관서에서 등기한 것을 증명하는 등기필정보, 등기완료통지서, 등기사항증명서 또는 등기관서에서 제공한 등기전산정보자료에 따라 정리한다.

③ 「공유수면매립법」의 규정에 의하여 매립준공인가된 토지를 **신규등록**하는 경우 지적공부에 등록하는 토지의 소유자는 **지적소관청이 조사하여** 등록한다.

④ 지적소관청은 필요하다고 인정하는 경우에는 관할 등기관서의 등기부를 (열)람하여 지적공부와 부동산등기부가 일치하는지 여부를 조사·확인하여야 하며, 일치하지 아니하는 사항을 발견하면 등기사항증명서에 따라 지적공부를 직권으로 (정)리할 수 (있다)(없다×)

⑤ 지적소관청은 등기부에 적혀 있는 토지의 (표)시가 지적공부와 일치하지 아니하면 등기완료통지서에 따라 토지소유자를 (정)리할 수 (없다)(있다×)

⑥ 「국유재산법에 따른 총괄청이나 관리청이 같은 법에 따라 소유자 없는 부동산에 대한 소유자 등록을 신청하는 경우 지적소관청은 지적공부에 해당 토지의 **소유자가 등록되지 아니한 경우에만** 등록할 수 있다.

⑦ 지적소관청은 필요하다고 인정하는 경우에는 관할 등기관서의 등기부를 열람하여 지적공부와 부동산등기부가 일치하는지 여부를 조사·확인하여야 한다.

⑧ 지적소관청 소속 공무원이 지적공부와 부동산등기부의 부합 여부를 확인하기 위하여 등기전산정보자료의 제공을 요청하는 경우 그 수수료는 **유료로** 한다.

⑨ 지적공부와 부동산등기부의 부합 여부를 조사·확인하여 **부합하지 않은 사항**이 있는 때에는 지적소관청이 토지소유자와 그 밖에 이해관계인에게 그 부합에 필요한 신청을 요구할 수 있으나 이를 직권으로 정정할 수 있다(없다×)

정답 ⑧

50-1. 소유자 정리 및 소유자 오류정정자료는 (필).(통). (증).(정)이다

등기된 토지의 경우 지적공부 소유자부분 오류정정 자료 및 지적공부의 소유자란 정리 자료는 등기(필)정보, 등기완료(통)지서, 등기사항(증)명서 또는 등기관서에서 제공한 등기전산(정)보자료에 의하여야 한다.

토지대장에 등록된 토지소유자의 변경사항은 등기관서에서 등기한 것을 증명하거나 제공한 자료에 따라 정리한다. 다음 중 등기관서에서 등기한 것을 증명하거나 제공한 자료가 아닌 것은? 25회

① 등기필정보   ② 등기완료통지서   ③ 등기사항증명서
④ 등기신청접수증   ⑤ 등기전산정보자료

정답 ④

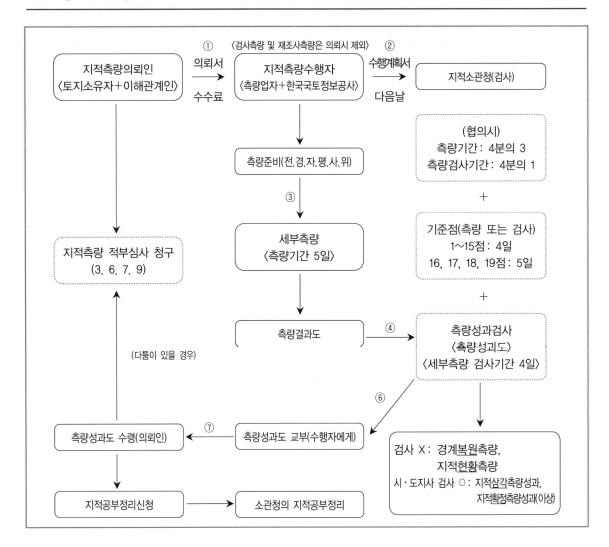

51. 지적측량방법은

⇨ (전) (경) (자) (평) (사) (위)다

① (전)파기 또는 광파기측량

② (경)위의측량

③ 전(자)평판측량

④ (평)판측량

⑤ (사)진측량

⑥ (위)성측량방법

① 지적**기준점을** 정하는 경우(기초측량)
② 지적측량성과를 **검사**하는 경우(검사측량)
③ **도시개발사업** 등의 시행지역에서 토지의 이동이 있는 경우(지적확정측량)
④ 경계점을 지상에 **복원**하는 경우(경계**복원**측량)
⑤ 지상건축물 등의 **현황**을 지적도 및 임야도에 등록된 경계와 대비하여 표시하는 데에 필요한 경우 (지적**현황**측량)
⑥ '지적재조사에 관한 특별법'에 따른 지적재조사사업에 따라 토지의 표시를 새로 정하기 위하여 실시하는 측량
⑦ 지적공부를 복구하는 경우
⑧ 토지를 신규등록하는 경우
⑨ 토지를 등록전환하는 경우
⑩ 토지를 분할하는 경우
⑪ 바다가 된 토지의 등록을 말소하는 경우
⑫ 축척을 변경하는 경우
⑬ 지적공부를 복구하는 경우

52. 지적측량하지 않는 경우

⇨ (지),(목)이 (연속)으로 (재작성), (합병)되면 지적측량 안 한다.

② ((지))번변경   ③ 지((목))변경   ④ (연속)지적도   ⑤ 도면의 (재작성)   ⑥ (합병)

문제 54

공간정보의 구축 및 관리 등에 관한 법령상 지적측량을 실시하여야 하는 경우가 아닌 것을 모두 고른 것은?

① 토지소유자가 지적소관청에 신규등록 신청을 하기 위하여 측량을 할 필요가 있는 경우

② 지적공부에 등록된 **지목을 변경**하고자 하는 때

③ 지적소관청이 지적공부의 일부가 멸실되어 이를 복구하기 위하여 측량을 할 필요가 있는 경우

④ 토지소유자가 지적소관청에 바다가 된 토지에 대하여 지적공부의 등록말소를 신청하기 위하여 측량을 할 필요가 있는 경우

⑤ 「지적재조사에 관한 특별법」에 따른 지적재조사사업에 따라 토지의 이동이 있어 측량을 할 필요가 있는 경우

⑥ 도시개발사업 등으로 토지의 표시를 새로이 정할 때

⑦ 지적소관청이 지적공부의 일부가 멸실되어 이를 **복구**하기 위하여 측량을 할 필요가 있는 경우

⑧ 지적측량수행자가 실시한 측량성과에 대하여 **지적소관정이 검사**를 위해 측량을 하는 경우

⑨ **연속지적도**에 있는 경계점을 지상에 표시하기 위해 측량을 하는 경우

⑩ 지상건축물 등의 **현황을 지적도 및 임야도(지형도×)**에 등록된 경계와 대비하여 표시하기 위해 측량을 할 필요가 있는 경우

⑪ 「도시 및 주거환경정비법」에 따른 **정비사업 시행지역**에서 토지의 이동이 있는 경우로서 측량을 할 필요가 있는 경우

⑫ 지적기준점을 정하는 경우

⑬ 경계점을 지상에 복원하는 경우

⑭ 지적공부의 등록사항을 정정하는 경우로서 측량을 할 필요가 있는 경우

정답 ②⑨

문제 55

공간정보의 구축 및 관리 등에 관한 법령상 지적측량에 관한 설명으로 틀린 것은?

① 지적측량은 기초측량 및 세부측량으로 구분한다.

② 도시개발사업 등의 시행지역에서 토지의 이동이 있는 경우 행하는 측량을 **지적확정측량**이라 한다.

③ **합병·지목변경·지번변경·지적공부의 재작성**의 경우에는 지적측량을 실시하지 않는다.

④ 소유권이전, 매매 등을 위하여 분할하는 경우로서 측량을 할 필요가 있는 경우에는 지적측량을 하여야 한다.

⑤ **경계복원측량**은 지상건축물 등의 **현황을 지적도 및 임야도**에 등록된 경계와 대비하여 표시하는 데에 필요한 경우 실시한다.

정답 ⑤

52-1. 지적측량수행자는 ⓐ,ⓑ 하지 않는다

① 지적ⓐ조사측량

② 지적ⓑ사측량은 지적측량수행자가 측량하지 않는다.

문제 56

공간정보의 구축 및 관리 등에 관한 법령상 토지소유자 등 이해관계인이 지적측량수행자에게 지적측량을 의뢰하여야 하는 경우가 아닌 것을 모두 고른 것은? (단, 지적측량을 할 필요가 있는 경우임) 32회

⬝ ㉠ 「지적재조사에 관한 특별법」에 따른 지적재조사사업에 따라 토지의 이동이 있는 경우
⬝ ㉡ 토지를 등록전환하는 경우
⬝ ㉢ 축척을 변경하는 경우
⬝ ㉣ 지적측량성과를 검사하는 경우

① ㉠, ㉡   ② ㉠, ㉣
③ ㉢, ㉣   ④ ㉠, ㉡, ㉢
⑤ ㉡, ㉢, ㉣

정답 ②

53. ⓑ,ⓒ 이는 지적측량성과 검사받지 않는다.

⇨ ① 경계ⓑ원측량과 ② 지적ⓒ황측량은 지적측량성과를 검사하지 않음

문제 57

지적측량수행자가 실시한 지적측량성과에 대하여 시, 도지사, 대도시시장 또는 지적소관청으로부터 측량성과검사를 받지 않아도 되는 측량은? 23회

① 신규등록측량   ② 지적현황측량   ③ 분할측량
④ 등록전환측량   ⑤ 지적확정측량

정답 ②

54. ⓐ ⓑ이는 시, 도지사가 검사한다.

⇨ ① 지적ⓐ각측량과는 시, 도지사가 ② 경위의측량방법으로 실시한 국토교통부장관이 규정한 면적규모 이상의 지적확ⓑ측량은 시, 도지사가 검사한다.

지적측량에 대한 설명으로 틀린 것은?

① 경계복원측량 및 지적**현황측량**(지적확정측량×)은 검사를 받지 아니한다.

② 지적측량을 의뢰하고자 하는 자는 지적측량의뢰서에 의뢰사유를 증명하는 서류를 첨부하여 **지적측량수행자**(지적소관청×)에게 제출하여야 한다.

④ 지적기초측량의 절차는 계획수립 ⇨ 준비 및 현지답사 ⇨ 선점 및 조표 ⇨ 관측 및 계산과 성과표의 작성 등의 순서에 의하여 시행한다.

⑤ 측량신청인과 지적측량수행자가 협의 또는 계약에 의하여 기간을 정하는 경우에는 전체기간의 **4분의 3은 측량기간**으로 전체기간의 4분의 1은 측량검사기간으로 본다.

⑥ 도시개발법에 따른 **도시개발사업 시행지역**에서 토지의 이동이 있는 경우로서 측량을 할 필요가 있는 경우에는 지적측량을 하여야 한다.

⑦ 지적측량수행자가 지적측량 의뢰를 받은 때에는 측량기간, 측량일자 및 측량수수료 등을 적은 **지적측량 수행계획서를 그 다음 날**(3일×)까지 지적소관청(시·도지사×)에게 제출하여야 한다.

⑧ 지적측량은 지적기준점을 정하기 위한 **기초측량과** 1필지의 경계와 면적을 정하는 **세부측량으로** 구분하며, 평판측량, 전자평판측량, 경위의측량, 전파기 또는 광파기측량, 사진측량 및 위성측량 등의 방법에 따른다.

⑨ 토지소유자 등 이해관계인은 지적측량을 하여야 할 필요가 있는 때에는 지적측량수행자에게 해당 지적측량을 의뢰하여야 한다.

⑩ 지적재조사측량과 검사측량을 **제외한**(포함한×) 지적측량을 의뢰하고자 하는 자는 지적측량의뢰서에 의뢰사유를 증명하는 서류를 첨부하여 **지적측량수행자에게** 제출하여야 한다.

⑪ 지적측량의 **측량기간은 5일로 하며, 측량검사기간은 4일로** 한다. 다만, 지적기준점을 설치하여 측량 또는 측량검사를 하는 경우 지적기준점이 15점 이하인 경우에는 4일을, 15점을 초과하는 경우에는 4일에 **15점을 초과하는 4점마다** 1일을 가산한다. 이와 같은 기준에도 불구하고, 지적측량의뢰인과 지적측량수행자가 서로 합의하여 따로 기간을 정하는 경우에는 그 기간에 따르되, **전체기간의3/4은 측량기간으로,** 전체 기간의 1/4은(는) 측량검사기간으로 본다.

⑫ 지적측량의뢰인과 지적측량수행자가 **서로 합의하여** 측량기간과 측량검사기간을 합쳐 40일로 정했을 때 측량기간은 30일, 검사기간은 10일이다.

⑬ 지적측량을 의뢰하려는 자는 **지적측량 의뢰서에** 의뢰 사유를 증명하는 서류를 첨부하여 지적측량수행자(지적소관청×)에 제출하여야 한다.

⑭ **시·도지사나 지적소관청은** 지적기준점성과와 그 측량기록을 보관하고 일반인이 열람할 수 있도록 하여야 한다.

⑮ 지적기준점성과의 열람 및 등본 발급 신청을 받은 지적측량수행자는 이를 열람하게 하거나 등본을 발급하여야 한다.

⑯ **지적삼각점성과를** 열람하거나 등본을 발급받으려는 자는 **시·도지사 또는 지적소관청에게** 신청하여야 한다.

⑰ **지적삼각보조점성과를** 열람하거나 등본을 발급받으려는 자는 **지적소관청에**(지적측량수행자×) 신청하여야 한다.

⑱ **지적도근점성과를** 열람하거나 등본을 발급받으려는 자는 **지적소관청에** 신청하여야 한다.

정답 ⑮

● 암기 : 3,6,7,9

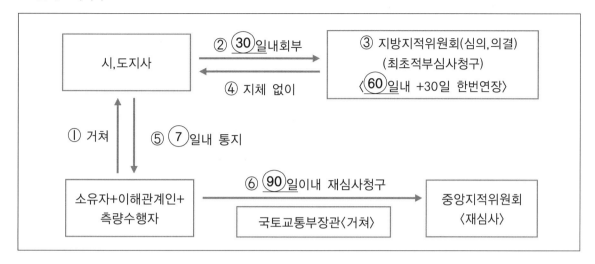

55. 지적측량 적부심사의 숫자는

⇨ 3. 6. 7 .9 다, or 3식이가 6+3빌딩에 가서 7시 90분까지 측량적부심사했다.

㉠ **시, 도지사가** 지방지적위원회에 30일 내에 회부

㉡ 지방지적위원회에게 60일 내에 심의, 의결(단, 부득이하면 **위원회의 의결로 30일** 내에서 한번만 연장가능)

㉢ **시, 도지사가 7일** 내에 신청인 및 이해관계인에 통지

㉣ **90일** 내에 국토교통부장관을 거쳐 중앙지적위원회에 재심사 청구

문제 59

다음 중 지적측량적부심사제도에 관한 설명으로 옳지 않은 것은?   21회

① 지적측량적부심사를 청구 할 수 있는 자는 **토지소유자, 이해관계인 또는 지적측량수행자**(지적소관청×)이다.

② 지적측량적부심사청구를 받은 **시·도지사**(지적소관청×)는 30일 이내에 지방지적위원회에 회부하여야 한다.

③ 지적측량적부심사청구를 회부 받은 지방지적위원회는 그 심사청구를 부득이한 경우가 아닌 경우 그 심사청구서를 회부 받은 날로부터 **60일**(90일×) 이내에 심의·의결하여야 한다.

④ 지방지적위원회는 부득이한 경우에 심의기간을 해당 지적위원회의 **의결**(직권×)을 거쳐 30일(60일×) 이내에서 한 번만 연장할 수 있다.

⑤ **시·도지사**(지방지적위원회×)는 의결서를 받은 날부터 7일(5일×) 이내에 지적측량적부심사 청구인 및 이해관계인에게 그 의결서를 통지하여야 한다.

⑥ 의결서를 받은 자가 지방지적위원회의 의결에 불복하는 경우에는 그 의결서를 받은 날부터 90일(60일×) 이내에 국토교통부장관(시,도지사×)을 거쳐 중앙**지적위원회**에게 재심사를 청구할 수 있다.

정답 없음

56. 지적위원회의 위원장(국장)과 부위원장(과장)은 짤릴 때까지 한다.

⇨ 위원장과 부위원장을 제외한 위원의 임기는 2년이다.

57. (개)를 (연구) (양성), (징계)하고 (재심사)하는 것은 중앙지적위원회의 기능이다.

㉠ 지적 관련 정책 (개)발 및 업무 개선 등에 관한 사항

㉡ 지적측량기술의 (연구) · 개발 및 보급에 관한사항

㉢ 측량기술자 중 지적분야 측량기술자(이하 "지적기술자"라 한다)의 (양성)에 관한 사항

㉣ 지적기술자의 업무정지 처분 및 (징계)요구에 관한 사항

㉤ 지적측량 적부심사에 대한 (재심사)(再審査)

문제 60

공간정보의 구축 및 관리 등에 관한 법령상 중앙지적위원회의 심의 · 의결사항으로 틀린 것은? 31회

① 지적 관련 정책 개발 및 업무 개선 등에 관한 사항

② 지적측량기술의 연구 · 개발 및 보급에 관한 사항

③ 지적재조사 기본계획의 수립 및 변경에 관한 사항

④ 측량기술자 중 지적기술자의 양성에 관한 사항

⑤ 지적기술자의 업무정지 처분 및 징계요구에 관한 사항

⑥ 중앙지적위원회(**지방지적위원회**×)는 지적측량에 대한 적부심사 청구사항과 **지적기술자의 징계** 요구에 관한 사항을 심의, 의결한다.

⑦ **중앙지적위원회(지방지적위원회×)는 지적기술자의 양성**에 관한사항을 심의 · 의결을 할 수 있으 며 시 · 도에 둔다.

정답 ③

문제 61

지적위원회에 관한 설명 중 틀린 것은?

① 지방지적위원회는 지적측량에 대한 적부심사청구사항을 심의 · 의결한다.

② 중앙지적위원회의 위원장 및 부위원장을 제외한(포함한×) 위원의 임기는 2년으로 한다.

③ 국토교통부에는 중앙지적위원회, 시 · 군 · 구에는 지방지적위원회를 둔다.

④ 중앙지적위원회는 관계인을 출석하게 하여 의견을 들을 수 있으면, 필요하면 현지조사를 할 수 있다.

⑤ **위원장은 국토교통부의 지적업무 담당 국장이(국토교통부장관×)**, 부위원장은 국토교통부의 지적 업무 담당 과장이 된다.

⑥ 중앙지적위원회는 위원장 1명과 부위원장 1명을 **포함(제외×)하여 5명 이상 10명 이하**의 위원으로 구성한다.

⑦ 중앙지적위원회의 회의는 **재적위원 과반수(2/3×)의 출석**으로 개의(開議)하고, 출석위원 과반수의 찬성으로 의결한다.

⑧ 위원장이 중앙지적위원회의 회의를 소집할 때에는 회의 일시 · 장소 및 심의 안건을 회의 5일 (7일×) **전까지 각 위원에게 서면으로 통지**하여야 한다.

⑨ 중앙지적위원회의 **간사는** 국토교통부의 지적업무담당 공무원 중에서 **지적업무 담당 국장(국토교 통부장관×)이 임명하며**, 회의 준비, 회의록 작성 및 회의 결과에 따른 업무 등 중앙지적위원회의 서무를 담당한다.

정답 ③

공간정보의 구축 및 관리 등에 관한 법령상 지적측량 적부심사에 대한 (재심사)와 지적분야 측량기술자의 (양성)에 관한 사항을 심의·의결하기 위하여 설치한 위원회는?　31회

① 축척변경위원회　　② 중앙지적위원회　　③ 토지수용위원회
④ 경계결정위원회　　⑤ 지방지적위원회

정답 ②

---

58. 지적위원회의 제척사유는

⇨ (배우자)나 (친족)이 (증언)에 (관여)하면 (대리)에서 제외된다.

① 위원 또는 그 (배우자)나 배우자이었던 사람이 해당 안건의 당사자가 되거나 그 안건의 당사자와 공동권리자 또는 공동의무자인 경우

② 위원이 해당 안건의 당사자와 (친족)이거나 친족이었던 경우

③ 위원이 해당 안건에 대하여 (증언), 진술 또는 감정을 한 경우

④ 위원이 해당 안건의 원인이 된 처분 또는 부작위에 (관여)한 경우

⑤ 위원이나 위원이 속한 법인·단체 등이 해당 안건의 당사자의 (대리)인이거나 대리인이었던 경우

중앙지적위원의 제척사유에 해당하지 않은 것은?　26회

> ㉠ 위원 또는 그 배우자나 배우자이었던 사람이 해당 안건의 당사자가 되거나 그 안건의 당사자와 공동권리자 또는 공동의무자인 경우
> ㉡ 위원이 해당 안건의 당사자와 친족이거나 친족이었던 경우
> ㉢ 위원이 해당 안건에 대하여 증언, 진술 또는 감정을 한 경우
> ㉣ 위원이 해당 안건의 원인이 된 처분 또는 부작위에 관여한 경우
> ㉤ 위원이나 위원이 속한 법인·단체 등이 해당 안건의 당사자의 대리인이거나 대리인이었던 경우
> ㉥ 위원이 중앙지적위원회에서 해당 안건에 대하여 현지조사 결과를 보고 받거나 관계인의 의견을 들은 경우
> ㉦ 직무태만, 품위손상이나 그 밖의 사유로 인하여 위원으로 적합하지 아니하다고 인정되는 경우

① ㉥, ㉦　　　　② ㉠, ㉥　　　　③ ㉡, ㉤
④ ㉢, ㉦　　　　⑤ ㉣, ㉤

정답 ①

---

59. (반),(지),(축)은 시, 도의 승인을 받아야 한다

① 지적공부 (반)출　② (지)번변경　③ (축)척변경 승인

「공간정보의 구축 및 관리에 관한 법령」에서 시·도지사 또는 대도시 시장의 승인을 받는 경우에 해당하지 않는 것은?   31회 변형

> ㉠ 지적공부의 반출승인   ㉡ 지번의 변경 승인
> ㉢ 지적공부의 복구   ㉣ 축척변경의 시행 승인
> ㉤ 바다로 된 토지의 등록말소

① ㉡, ㉢   ② ㉠, ㉡   ③ ㉡, ㉤
④ ㉢, ㉤   ⑤ ㉣, ㉤

정답 ④

---

60. ⒪연속⒪으로 ⒪전국⒪ ⒪중앙⒪⒪정보⒪의 ⒪복제⒪ 는 국토교통부장관 이 한다.

① ⒪연속⒪지적도의 관리

② ⒪전국⒪의 모든 토지의 등록

③ ⒪전국⒪ 단위의 지적전산자료 신청시

④ ⒪중앙⒪지적위원회의 위원의 해임

⑤ 지적⒪정보⒪전담 관리기구를 설치

⑥ ⒪정보⒪처리시스템 전산지적공부가 멸실되거나 훼손될 경우를 대비하여 지적공부를 ⒪복제⒪하여 관리하는 시스템의 구축은 국토교통부장관이 한다.

「공간정보의 구축 및 관리에 관한 법률」상 국토교통부장관이 권한이 아닌 것은?

① 중앙지적위원회 위원의 해임

② 지적정보 전담 관리기구를 설치·운영

③ 전국단위의 지적산자료이용신청

④ 정보처리시스템을 통하여 기록·저장한 지적공부가 멸실되거나 훼손 될 경우를 대비하여 지적공부를 복제하여 관리하는 시스템에 구축

⑤ 축척변경 승인

정답 ⑤

---

61. ㉠ ⒪복⒪,⒪지⒪는 직권만, ㉡ ⒪축척⒪,⒪정정⒪은 신청 또는 직권이다.

㉠ 지적공부의 ⒪복⒪구와 ⒪지⒪번변경은 소유자의 신청은 할 수 없고 지적소관청이 직권으로만 한다.

㉡ ⒪축척⒪변경과, 지적공부의 등록사항의 오류⒪정정⒪은 소유자의 신청 또는 직권으로 할 수 있다.

● 지적법의 각종 기간 정리

기 간	내 용
4일	측량검사기간
5일	① 측량기간 ② 지적위원회(축척변경위원회) 회의 소집 통지기간
5인~10인	① 축척변경위원회 위원 수(토지소유자가 1/2이상) ② 지적위원회 위원 수(위원장과 부위원장을 포함)
7일	① 지적측량적부심사 의결서를 받은 시도지사가 적부심사청구인 및 이해관계인에게 통지기간 ② 지적정리 후 변경등기 필요치 않은 경우 지적공부에 등록한 날로부터 7일 이내 소유자에게 통지한다.
15일내	① 도시개발사업 등의 지역에서 시행자가 사업의 착수, 변경, 완료 신고기간 ② 지적정리 후 변경등기 필요시 등기완료통지서를 접수한 날로부터 지적공부정리 통지기간
15일 이상	① 축척변경시 청산금 산출조서 작성 후 청산금 공고기간 ② 지적공부 복구시 시,군,구 게시판에 게시기간
20일 이내	청산금결정을 공고한 날부터 청산금납부 고지 및 수령통지 기간
20일 이상	시, 도지사승인후의 축척변경 시행공고기간
30일 이내	① 축척변경시행지역에서 토지소유자 또는 점유자의 경계점 표시의무 기간 ② 지적측량적부심사에 대한 시, 도지사의 지방지적위원회에 회부기간
60일내	① 토지이동 신청기간(신규등록, 등록전환, 1필지용도가 변경시의 분할신청기간, 합병신청기간) ② 지적위원회의 지적측량적부심사 심의, 의결기간
90일 이내	① 바다로 된 토지의 등록말소신청기간 ② 지적측량적부 재심사청구기간
1월 이내	① 청산금에 대한 이의신청기간(납부고지, 수령통지 받은 날로부터) ② 청산금에 대한 축척변경위원회의 심의, 의결기간(이의신청이 있는 때부터)
6월 이내	청산금의 납부, 지급 기간
2년	지적위원회의 임기

(1) 지적공부의 복구시 게시기간

지적소관청(지적파일의 경우 시·도지사)이 지적공부를 복구하고자 하는 때에는 복구할 대상토지의 표시사항 등을 시·군·구(시, 도×)의 게시판 및 인터넷 홈페이지에 15일 이상 **게시**하여야 한다.

(2) 도시개발사업 동의 착수, 변경 및 완료 신고기간

도시개발사업 동의 지역에서 시행자가 15일 이내에 **사업의 착수**, 변경, 완료 사실을 지적소관청에 **신고하여야 한다.**

(3) 토지이동의 신청 기간

① 토지소유자는 신규등록, 등록전환, 1필지용도가 변경시의 분할신청, 합병 등은 사유가 발생일로부터 60일 이내에 지적소관청에 신청하여야 한다.

② 토지소유자는 지적소관청으로부터 **바다로** 된 토지의 등록말소신청을 통지받은 날로부터 90일 이내에 신청하여야 한다.

(4) 축척변경절차에 관한 기간(2/3동, 20시, 30경, 청산가리15, 고통20배, 6,6,1,1)

① 토지소유자는 축척변경 사유를 적은 신청서에 토지소유자의 3분의 2이상의 동의서를 첨부하여 지적소관청에 제출하여야 한다.

② 지적소관청은 시, 도지사로부터 축척변경 승인을 받았을 때에는 지체 없이 20일 이상 시행공고를 하여야 한다.

③ 축척변경시행지역에서 **토지소유자 또는 점유자는** 시행공고일로부터 30일 이내에 시행공고일 현재 점유하고 있는 경계에 경계점표시를 설치하여야 한다.

④ 지적소관청은 청산금을 산정한 때에는 **청산금조서**를 작성하고, 청산금이 결정되었다는 뜻을 동리의 게시판에 15일 이상 **공고**하여 일반인이 열람할 수 있게 하여야 한다.

⑤ 청산금의 납부고지를 받은 자는 그 고지받은 날부터 6월 **이내에** 청산금을 **지적소관청에** 납부하여야 하고, 지적소관청은 수령통지일로부터 6월 **이내에 청산금을** 지급하여야 한다.

⑥ 납부고지 또는 수령통지를 받은 날로부터 1월 이내에 지적소관청(축척변경위원회×)에 **이의신청**할 수 있다.

⑦ 축척변경위원회는 1월 이내에 이의신청에 관한 사항을 심의하여 결정하고, 지적소관청은 그 결정내용을 지체 없이 이의 신청인에게 통지하여야 한다.

⑧ 축척변경위원회는 5인 이상 10인 **이하로** 구성하고 그중 토지소유자가 1/2이상 되어야 하며, 이 경우 그 축척변경시행지역 안의 토지소유자가 5명 **이하인** 때에는 토지소유자 전원을 위원으로 위촉하여야 한다.

⑨ 축척변경위원회 회의는 재적위원 과반수의 출석**으로** 개의하고 출석위원 과반수의 찬성으로 **의결**한다.

⑩ 축척변경위원장은 축척변경위원회를 소집할 때에는 회의일시, 장소 및 심의안건을 회의 개최 5일전까지 각 위원에게 서면**으로** 통지한다.

(5) 지적정리의 통지기간

① **지적소관청은 지적정리 후 변경등기 필요시** 등기완료통지서를 접수한 날로부터 15일 이내에 토지소유자에게 통지하여야 한다.

② **지적소관청은 지적정리 후** 변경등기 필요치 **않은** 경우 지적공부에 **등록한 날로부터** 7일 이내 **소유자에게 통지한다.**

(6) **지적측량적부심사절차 기간(3.6.7.9)**

① 지적측량적부심사청구서를 받은 시·도지사는 30일 이내에 다음의 사항을 조사하여 **지방지적위원회에** 회부하여야 한다.

② 지적측량적부심사청구서 등을 회부받은 **지방지적위원회는 그날부터** 60일 이내에 **심의 · 의결** 하여야 한다. 다만, 부득이한 경우에는 그 심의기간을 해당 지적위원회의 **의결을 거쳐** 30일 **이내에서** 한 번만 연장할 수 있다.

③ 지방지적위원회가 지적측량적부심사의결을 한 때에는 위원장과 참석위원 전원이 서명 날인한 지적측량적부심사 의결서를 작성하여 지체 없이 시 · 도지사에게 송부하여야 한다.

④ 시 · 도지사는 **의결서를** 7일 이내에 적부심사청구인 및(또는×) 이해관계인에게 통지하여야 한다.

⑤ 의결서를 받은 자가 지방지적위원회의 의결에 불복하는 경우에는 그 의결서를 받은 날부터 90일 **이내에** 국토교통부장관을 **거쳐** 중앙지적위원회에 재심사를 청구할 수 있다.

⑥ 중앙지적위원회는 위원장 및 부위원장 각 1인을 포함**하여** 5인 이상 10인 이내의 위원으로 구성한다.

⑦ 중앙지적위원장 및 부위원장을 제외(포함한×)한 위원의 임기는 2년으로 한다.

⑧ 위원장이 위원회의 회의를 소집할 때에는 회의일시 · 장소 및 심의안건을 회의 5일전까지 각 위원에게 **서면으로** 통지하여야 한다.

⑨ 회의는 위원장 및 부위원장을 포함한 **재적위원** 과반수의 출석으로 개의(開議)하고 출석위원 과반수의 찬성으로 의결한다.

등기개시절차(법정절차)	민법 제186조 : 법률행위(계약)에 의한 부동산(토지, 건물)의 물권(소유권, 저당권)의 변동(이전은 등기해야 효력이 발생한다.

관악등기소		전세권설정 등기(김전세)

甲	매매계약	乙(소유권이전등기)	저당권설정 등기(은행)

(a)신청주의	ⓐ당사자의적격 (등기명의적격, 신청능력)	(1) 공동신청(원칙) : ★등기권리자(이익) + 　　　　　　　　　　　등기의무자(손해) (2) ★단독신청(예외) 　　－암 : (보)(상)(수)(표)(이행판결)(멸실)(혼)(사)(불명) (3) 제3자에 의한 등기신청(대리인, 포괄승계인, 　　대위신청)

방문신청 or 인터넷 신청

1. (소유권이전신청서등 = 신청정보)★ ①필요적기록사항 : ㉠ 일반적 → 부동산, 당사자표시 등 　　　　　　　　　　　　　　　　　　　　　　　㉡ 특수적 → 전세금, 저당채권액 등 　　　　　　　　　　　　②임의적기록사항 : ~ 약정, 지료, 보증금, 이자, 기간 등(대항요건)

2. 첨부정보

(1) 등기원인증명정보(매매계약서등) 　　① 검인계약서 : 계약 + 소유권이전등기시 - 암 : 계나 소나 　　② 매매목록과 거래신고필증 : 매매 + 계약서 + 소유권이전등기시 - 암 : 매매 계 소 (2) 등기필정보(등기필증) : 공동 + 승소 의무자것, 멸실시 대용(출석 or 위임확인정보 or 공증서면부분) (3) 인감증명서★ : 공동 + 의무자것 = 소유자일 때, 3개월, 매도용 (4) 주소증명서면 : 소유권보존 + 각종권리의 설정 + 이전등기 - 암 : 보 설 이 주소 (5) 등기원인에 제3자의 허가정보(토지거래허가서)등 - 암 : 대 소 상 가 　　　　　대가 + 소유권이전, 지상권설정, 이전등기 + 가등기 (6) 대장등본 : 부동산표시변경, 소유권보존, 멸실등기, 소유권이전등기 - 암 : 대 변 보 실 이 (7) 도면 : 부동산의 일부에 용익물권등기 : 1필지 수개건물보존등기, 구분건물보존등기 - 암 : 도면 일부 (8) 이해관계인 : 승낙서 등 (9) 부동산등기용 등록번호 - 암 : 국국, 법주, 비시, 제대, 외출

형식적 심사(서류심사) = 우리나라			

등기관	접수	→	심사		등기부기록		식별부호(완료)

| 접수시 = 효력발생
동시신청- 암:
환매,구,신
① (환매등기 + 소이)
② (구)분건물표시
③ (산)탁등기 + 소이 | 제29조의 각하사유★
①호 : 관할위반
②호 : 사건이 등기대상 아닌 경우→
③~⑪(제한적) 간과시: 실체관계부합 → 유효
                ↓
   각하   → 이의신청 | 간과시
- 당연무효
- 직권말소
- 이의신청 | ①표제부 : 지목, 면적등(접수번호x)
┌갑구 : 소유권보존, 이전등기 등
└을구 : 소유권이외의권리
          (용익권,저당권설정
          등기등)
②주등기 or 부기등기 | 취하
1. 마치기전
2. 공동취하
3. 특별수권
4. 서류환부O
5. 일부취하
   가능 |

등기필정보 작성 (= 통지) = 등기권리자에게		등기완료통지서

암기 : 보 설 이 추 가
① 소유권**보**존등기
② 각종권리의 **설**정등기
③ 각종권리의 **이**전등기
④ 권리자가 **추**가되는 변경,.경정등기
⑤ 각종권리의 설정, 이전의 **가**등기

1. 대장 소관청에 통지
  (1) 소유권보존등기, 소유권이전등기
  (2) 소유권등기명의인 표시변경·
    경정등기
  (3) 소유권변경·경정등기 =
    지분변경·경정
  (4) 소유권말소, 말소회복등기
    가등기x, 처분제한등기(가압류,가처분x)

ⓑ. 관공서의 촉탁(법원 세무서, 행정관청 등)
  ① 처분제한등기(압류,가압류,가처분 경매 등)
  ② 임차권명령등기
(b) **신청주의 예외(직권)**

● 문제 : ~ 등기는?

(1) 소유권 + 보전등기는?

(2) 소유권 + 이전등기(상속, 유증, 수용, 진정명의회복, 환매특양등기)는?

(3) 지상권, 지역권, 전세권, 저당권 등 + 설정 등기는?

(4) 변경(❶부동산표시변경, ❷등기명의인표시변경, ❸권리변경)등기는?

(5) 경정(❶부동산표시경정, ❷등기명의인표시경정, ❸권리경정)등기는?

(6) 전세권(저당권) 말소등기는?

(7) 전세권(저당권) 말소회복등기는?

(8) 가등기는? 본등기는?

~

(31) 처분제한등기(압류, 가압류, 가처분)등기는?

● ~지문내용

1. ❶ 당사자신청인지?,

　　❷ 관공서 촉탁인지(㉠압류, ㉡가압류, ㉢가처분, ㉣경매, ㉤임차권명령등기)?,

　　❸ 등기관의 직권인지?

2. 신청할 때 ❶ **공동**신청인지(㉠계약일 때, ㉡유증)?

　　❷ **단독**신청인지?

3. 공동신청시에 절차법상 ❶ 등기권리자인지(= 그 등기를 하고싶어하는자)?

　　❷ 등기의무자인지?

4. 신청정보에 ❶ 필요적기록사항인지?(㉠목,범, ㉡전,범, ㉢차,범 ㉣채,채,권 등)

　　❷ 임의적기록사항인지(= 약, 지, 보, 이, 기)?

5. 첨부정보 (등기필정보, 인감, 도면,대장정보등) ❶ 제공하는지?

　　❷ 제공하지 않는지?

6. ❶ 각하사유인지?

　　❷ 각하하지 않고 등기실행 하는지?

7. ❶ 표제부에(㉠규약상공용부분등기, ㉡부동산표시변경등기, ㉢멸실등기, 대지권등기)?

　　❷ 갑구(소유권)에?

　　❸ 을구(소+외)에?

8. ❶ 주등기인지(㉠표제부 ㉡갑(소유자) → 을)?

　　❷ 부기등기인지(㉠~특약 ㉡을(소외자) → 병)?

9. 등기관은 등기필정보를 (❶ 작성한다? = 승권, 보.설.이.추.가 ❷ 작성 안 한다? = 변,말)

문 1   가압류등기, 경매기입등기는 (㉠**등기관이 직권**? ㉡**관공서의 촉탁**? ㉢**당사자의 신청**?)
       으로 한다.

문 2   상속인이 수인인 경우 상속에 의한 소유권 이전등기(상속등기)는 (㉠**공동**? ㉡**단독**?)으로
       신청 하여야 한다.

문 2-1 포괄 유증에 의한 소유권 이전등기는 (㉠**공동**? ㉡**단독**?)으로 신청할 수 있다.

문 3   전세권 설정등기시 전세권자는 (㉠**등기의무자**? ㉡**등기권리자**?)이다.

문 3-1 전세권 말소등기시 전세권자는 (㉠**등기의무자**? ㉡**등기권리자**?)이다.

문 4   전세권설정등기 신청시 전세권의 존속기간은 신청정보내용(등기부에)으로 (㉠**필요적
       기록사항(기록하여야 한다.)**? ㉡**임의적 기록사항(등기원인에 있는 경우 기록)**?)사항이다.

문 5   건물 전부에 대하여 전세권 설정등기를 신청하는 경우에는 도면을 **첨부정보로 등기소
       에**(㉠**제공하여야 한다**? ㉡**제공하지 않아도 된다**?)

문 6   공동 소유자 중 자기지분만에 대한 소유권보존등기는 (㉠**각하사유이다(= 등기 신청할
       수 없다.)**? ㉡**각하사유가 아니다(= 등기 신청할 수 있다)**?)

문 7   규약상 공용부분의 등기는 (㉠**표제부**? ㉡**갑구**? ㉢**을구**?)에 한다.

문 8   전세권 설정등기는 (㉠**주등기**? ㉡**부기등기**?) 형식으로 한다(갑~을).

문 9   전세권 설정등기시 등기관은 **등기필정보를** (㉠**작성한다**? ㉡**작성 안 한다**?)

정답 1. ㉠ 2. ㉡ 2-1. ㉠ 3. ㉡ 3-1. ㉠ 4. ㉡ 5. ㉡ 6. ㉠ 7. ㉠ 8. ㉠ 9. ㉠

● 보물노트 해설

등기 종류	❷신청방법 (단독, ❸공동 : (권+의))	❶직권, 촉탁	❹등기신청 정보 (필요적, 의무적)	❺첨부정보 : 검인,실거래가액, 등기필정보,인감,주 소: 대장,도면 등 제공	❻각하사유	❼갑구, 을구 표제부	❽주 or 부기
❶ 소유권 + 보존 등기 ★	①단독신청 ㉠대장 ⓐ최초+ ⓑ포괄수증자+ ⓒ상속인 ㉡판결 : 종류 불문 ⓐ토지 : 국가 ⓑ건물 : 시장 ⓒ수용 ㉢시장+확인 서면 : 건물만 (시,건 방진자)	(㉠가압, ㉡가처, ㉢경매, ㉣임명) 법원촉탁시→ ②직권보존등기 ③가압류말소시 →보존 말소 안 됨	④필 : 신청근 거조항 ×: 등기원인, 연월일	×: ⑤등기필정보, 인감, 토지거래 허가서 제공등 ○: ㉠주소증명정보 ㉡대장 : 표제부 ㉢도면 : 1필지 -수개건물보존	⑥부동산일부× ⑦자기 지분만× ⑧(1인- 전원명의○) ⑨2중 보존×	⑩갑구 ㉠신청: 등기필정 보작성 ㉡직권: 등기필정 보작성×	⑪주등기 ㉠표제부 ㉡갑 (소유자) →을

┌───┐
● 암기 : ⓓ,ⓟ,ⓢ-ⓢ는 보존등기 할 수 있다
● 암기 : 대장이 최초로 포,상 받아 보존등기 했다
● 암기 : 시,건방진 자만이 보존등기를 신청할 수 있다
● 암기 : 법원의 가,가,경,임은 직권보존등기 하는 사유다
└───┘

① 소유권**보존**등기나 소유권보존등기의 **말소등기**는 소유명의인이 **단독**(공동×)으로 신청한다 (**암14**).
　㉠ ⓐ 토지대장(건축물대장)에 **최초로** 소유자로 등록된 자는 소유권보존등기를 할 수 **있다**(없다×) (**암32, 암34**).
　　ⓐ-1 토지대장상 최초의 소유자로부터 **이전등록 받은자**(＝증여받은자)**는** 직접보존등기할 수 **없다**(있다×).
　　ⓐ-2 甲이 신축한 미등기건물을 甲으로부터 매수한 乙은 甲 명의로 소유권보존등기 후 소유권이전등기를 해야 한다.
　　ⓐ-3 지적공부상 '**국**'으로부터 미등기 토지를 이전받은 자는 직접 자기명의로 소유권보존등기를 할 수 **있다**(없다×).
　　ⓑ 토지대장(건축물대장)에 최초로 소유자로 등록된 자의 **포괄수증자**(특정수증자×)는 보존등기를 할 수 **있다**(없다×).
　　ⓒ 토지대장(건축물대장)에 최초로 소유자로 등록된 자의 **상속인**(피상속인×)은 보존등기를 할 **있다**(없다×)(**암34**).
　　ⓒ-1 토지대장상 최초의 소유자인 甲의 미등기 토지가 상속된 경우, 甲 명의로 보존등기를 한 후 상속인명의로 소유권이전등기를 한다(×).

ⓒ 소유권보존등기를 할 수 있는 판결은 확정판결이면 판결의 **종류를 불문**한다(이행판결, 형성판결, 확인판결).

ⓒ-1 형성판결인 **공유물분할판결서를 가지고** 먼저 분필한 다음 보존등기할 수 **있다**(없다×).

ⓒ-2 토지에 관한 소유권보존등기의 경우, 당해 토지가 소유권보존등기 신청인의 소유임을 이유로 **소유권보존등기의 말소를 명한 확정판결**에 의해서 자기의 소유권을 증명하는 자는 소유권보존등기를 신청할 수 **있다**(없다×).

ⓒ-3 확정판결에 의하여 자기의 소유권을 증명하여 소유권보존등기를 신청할 경우, 소유권을 증명하는 판결은 소유권확인판결에 한한다(×).

　　ⓐ 대장상 소유자를 특정할 수 없는 경우에는 **토지를 국가**(시장, 군수×)를 상대로 판결받아 보존등기할 수 **있다.**

　　ⓑ 대장상 소유자를 특정할 수 없는 경우에는 **건물**에 대하여 **시장, 군수, 구청장**(국가×)을 상대로 한 소유권확인판결에 의해서 자기의 소유권을 증명하는 자는 소유권보존등기를 신청할 수 **있다**(**암33 : 시, 건방진자**).

ⓒ 미등기토지에 관한 소유권보존등기는 **수용으로** 인해 소유권을 취득했음을 증명하는 자는 보존등기를 신청할 수 **있다**(없다×).

ⓔ 특별자치도지사,**시장, 군수,** 구청장의 확인에 의하여 미등기건물(토지×)에 대한 자기 소유권을 증명하는 자는 보존등기를 신청할 수 있다.

② 미등기부동산의 **법원**(세무서×)의 소유권(소유권이외권리×)에 대한 **처분제한등기**(가압류, 가처분, **강제경매, 임차권명령등기**)의 촉탁시 **직권**으로 보존등기를 한다(**암34-1**).

②-1 등기관이 미등기 부동산에 관하여 **과세관청의 촉탁**에 따라 체납처분으로 인한 압류등기를 하기 위해서는 직권으로 소유권보존등기를 하여야 한다(×).

③ **②의 경우** 가압류, 가처분등기가 말소되더라도 직권 보존등기는 **말소되지 않는다**(말소된다×).

④ 소유권보존등기시 신청정보에 **신청근거조항은** 기록된다.

④-1 등기관이 소유권보존등기를 할 때에는 **등기원인과 등기원인날짜는** 기록되지 **않는다**(기록해야 한다×).

⑤ 소유권보존등기를 신청하는 경우 신청인은 등기소에 **등기필정보나** 인감증명서를 **제공하지 않는다**(제공하여야 한다×)(**암16-1**).

　ⓐ 건물 소유권보존등기를 신청하는 경우, **건물의 표시를 증명하는 첨부정보(대장정보)**를 제공해야 한다.(제공 안 한다×)(**암22**)

　ⓑ 1필지에 **수개**건물의 보존등기시 도면을 제공하여야 한다(제공 안 한다×).

⑥ **부동산일부에** 대한 소유권보존등기는 할 수 **없다.**(있다×)

⑦ 공동소유자 중 **일부지분에 대한 소유권보존등기를** 신청한 경우에는 그 등기신청은 **각하**(제29조 2호)되어야 한다.(**암27**)

⑧ 공유소유자 중 1인이 전원명의의 소유권보존등기는 가능하다(불가능하다×).

⑨ 이미 보존등기된 부동산에 대하여 **다시 보존등기를** 신청할 수 **없다**(있다×)(제29조 2호).

⑨-1 토지에 대한 기존의 소유권보존등기를 말소하지 않고는 그 토지에 대한 소유권보존등기를 할 수 없다.

⑩ 소유권보존등기는 갑구에 행하여진다.

　ⓐ 소유자의 신청시 등기관은 등기필정보를 작성하여 등기명의인에게 통지한다.

　ⓑ 직권으로 보존등기시에는 등기필정보를 작성, 통지하지 않는다.

⑪ 소유권보존등기는 **주등기**(부기등기×) 형식으로 행하여진다.

⑫ 1동의 건물에 속하는 구분건물 중 일부만에 관하여 소유권보존등기를 신청하는 경우에는 나머지 구분건물의 **표시에** 관한 등기를 **동시에** 신청하여야 한다.

⑬ 건물에 관한 보존등기상의 표시와 실제건물과의 사이에 건물의 건축시기, 건물 각 부분의 구조, 평수, 소재, 지번 등에 관하여 다소의 차이가 있다 할지라도 **사회통념상 동일성 혹은 유사성이** 인정될 수 있으면 그 등기는 당해 건물에 관한 등기로서 **유효**하다.

⑭ 미등기 부동산이 전전양도 된 경우, 최후의 양수인이 소유권보존등기를 한 때에도 그 등기가 결과적으로 실질적 법률관계에 부합된다면, 특별한 사정이 없는 한 그 등기는 무효라고 볼 수 없다.

★❷ 매매 (소유권 + 이전)	①공동 매수인(권리자) 매도인(의무자)	②확정된+ 이행판결 (단독)	③매매 : 실거래 가액 등	○ : ④계약:검인계약서 ⑤매매목록 : 2개) ⑥등기필정보,인감 ⑦주소증명(매도안+매수)대장 등	⑧부동산 일부 × ⑨공유지분 : ○	갑구	⑩주 등기

① 매매로 인한 소유권이전등기시 **매수인이 등기권리자**이고 매도인이 등기의무자로 공동신청한다.

①-1 乙(매수인)은 甲(매도인)의 **위임을 받으면** 그의 대리인으로서 소유권이전등기를 신청할 수 있다(없다×).

② **확정된**(가집행선고×) **이행판결**에 의해 **단독**으로 소유권이전등기를 신청할 수 있다.

②-1 甲(매도인)이 소유권이전등기신청에 협조하지 않는 경우, 乙(매수인)은 승소판결을 받아 단독으로 소유권이전등기를 신청할 수 있다.

③ **매매계약서에** 의한 소유권이전등기시 **실거래가액등기**를 한다(**암18**).

③-1 등기관은 거래가액을 등기기록 중 갑구의 **권리자 및 등기사항란**(등기원인란×)에 기록하는 방법으로 등기한다.

④ 계약에 의한 소유권이전등기시 검인된 계약서를 제공하여야 한다(제공 안 한다×)(**암17**).

⑤ 거래 부동산이 **2개**(5개×)이상인 경우 **매매목록**을 제공하여야 한다.

⑤-1 거래부동산이 1개라 하더라도 여러 명의 매도인과 **여러 명의** 매수인 사이의 매매계약인 경우에는 **매매목록을** 첨부정보로서 등기소에 제공해야 한다.

⑥ 매매로 인한 소유권이전등기시 등기의무자(매도인)의 등기필정보와 인감증명정보를 제공하여야 한다(제공 안 한다×)(**암16**).

⑥-1 등기절차의 인수를 명하는 판결에 따라 승소한 등기의무자가 단독으로 등기를 신청하는 경우, 등기필정보를 등기소에 제공할 필요가 있다(없다×).

⑥-2 **승소한 등기권리자가** 단독으로 등기를 신청하는 경우, 등기소에서는 등기필정보를 등기소에 **제공할** 필요가 없다(있다×).

⑥-3 **승소한 등기의무자가** 단독으로 등기를 신청하는 경우, 등기소에서는 등기필정보를 **작성**(통지)하지 않는다(한다×).

⑥-4 **승소한 등기권리자가** 단독으로 등기를 신청하는 경우, 등기소에서는 등기필정보를 **작성**(통지)하지 한다(않는다×).

⑦ **소유권이전등기시 매도인(등기의무자)과 매수인(등기권리자)의** 모두의 주소증명정보를 제공하여야 한다(제공 안 한다×).

⑧ **부동산 특정 일부에** 대해서는 분필등기 하지않으면 소유권이전등기 할 수 없다(있다×).

⑨ **공유지분**에 대한 소유권이전등기를 신청할 수 있다(없다×).

⑩ 소유권이전등기는 **주등기**(부기등기×) 형식으로 하고 종전 소유자는 말소하지 않는다

⑪ 법무사는 매매계약에 따른 소유권이전등기를 매도인과 매수인 **쌍방을 대리**하여 신청할 수 있다.

⑫ 농지에 대한 소유권이전등기를 신청하는 경우, 등기원인을 증명하는 정보가 집행력 있는 판결인 때에는 특별한 사정이 없는 한 농지취득자격증명을 첨부하여야 한다(첨부하지 않아도 된다 ×).

⑬ 법인 아닌 사단인 종중이 건물을 매수한 경우, 종중의 대표자는 **종중 명의로** 소유권이전등기를 신청할 수 있다.

❷-1 공동 소유 등기	공동	① 공유지분등기 ○ ② 합유지분등기 × ③ 권리능력 없는 사단(종중) 　: 대표자 신청 　명의(=권리자 or 의무자) 　: 사단, 재단	④합유자사망→잔존합유자명의 변경등기 ㉠공유↔합유 : 소+변경등기 ㉡단독소유→합유↔총유 : 소 + 이전등기 ⑤공유물약정변경 : 전원 + 공동신청	⑥공유지분 : ⓐ용익권× 　　　　　　ⓑ저당권○ ⑦합유지분 : ⓐ소+이× 　　　　　　ⓑ저당권× 　　　　　　ⓒ가압류×

	공유	합유	총유
1. 의의	개인간	조합원	권리능력없는 사단
2. 지분	등기기록 1/3, 1/3, 1/3	등기기록하지 않는다	지분없음
3. 주체이전	소유권이전	합유명의인 변경등기	신청인 : 대표자 권리자 : 사단
4. 소유권이전	○	×	
5. 저당권	○	×	사원총회결의서, 인감 = 등기의무자일 때 제공
6. 상속	○	×	부동산 등록번호 : 시장, 군수, 구청장이 부여함
7. 처분제한	○	×	
8. 용익권	×	×	

① **공유지분은** 신청정보나 등기부에 **기록**하여야 한다(기록 안 한다×).

①-1 부동산 공유자의 **공유지분 포기**에 따른 등기는 해당지분에 관하여 다른 공유자 앞으로 **공동신청**으로 **소유권이전등기를** 하는 형태가 되어야 한다.

①-2 갑구 순위번호 2번에 기록된 A의 공유지분 4분의 3 중 절반을 B에게 이전하는 경우, 등기목적란에 "2번 A 지분 4분의 3 중 일부(8분의 3) 이전"으로 기록한다.((2분의 1) 이전으로 기록한다×).

② 합유등기에는 **합유지분을** 표시 안 한다(표시한다×).

③ 권리능력 없는 사단(종중)의 등기신청시 **대표자가 등기신청인이** 된다.

③-1 권리능력 없는 **사단(종중) 명의로의** 소유권이전등기를 신청하는 경우, **종중(대표자×)이 등기권리자**이다.

③-2 법인 아닌 사단 A 명의의 부동산에 관해 A와 B의 매매를 원인으로 이전등기를 신청하는 경우, 특별한 사정이 없는 한 **A의 사원총회 결의가 있음을 증명**하는 정보를 제출하여야 한다.

④ 토지의 합유자 甲과 乙 중 乙이 **사망한 경우**, 특약이 없는 한 甲이 그 토지를 제3자에게 매도하여 이전등기하기 위해서는 먼저 甲의 단독소유로 하는 **합유명의인 변경등기**를 신청해야 한다.

⑤ 등기된 공유물분할금지기간을 단축하는 **약정에 관한 변경등기는** 공유자 **전원이 공동**(단독×)으로 신청하여야 한다.

⑤-1 등기관이 **소유권의 일부에 관한** 이전등기를 할 때에는 이전되는 **지분을** 기록하여야 하고, 그 **등기원인에 분할금지약정이 있을 때에는** 그 **약정에 관한** 사항도 기록하여야 한다.

⑥ 부동산의 **공유지분에 저당권**(소유권이전, 가압류, 가처분)설정 할 수 있다. (할 수 없다×)(**암26**)

⑥-1 **공유지분에 대한 용익권**(지상권, 지역권, 전세권, 임차권)은 **불가능**하다(가능하다×).

⑦ 합유지분에 대한 소유권이전(저당권, 가압류, 가처분)등기는 불가능하다(가능하다×)(**암26**)(제29조 2호).

⑦-1 합유자 중 1인이 다른 합유자 전원의 동의를 얻어 합유지분을 처분하는 경우, **합유지분이전등기를** 신청할 수 없다(지분이전등기를 한다×).

❸상속 (소유+이전)	①사망시, ②단독	③협의분할시: (상속인 전원인감) ⓐ전→소+이전 ⓑ후→소+경정	×: ④ 등기필정보, 인감 ○: 상속증명서면	⑤자기지분만 × ⑥(1인-전원명의○)	주등기

① 상속은 피상속인의 **사망시**(등기해야×) 물권변동의 효력이 발생한다.

② 상속등기는 상속인인 **단독**(공동×)으로 신청한다.(**암14**)

②-1 **상속인에 의한 등기는 공동으로 신청한다**

③ ⓐ 상속등기 **전** 협의분할 한 경우(상속인 전원인감을 첨부하여) 등기는 **소유권이전등기**(소유권경정등기×)로 행하여지고 사망일(협의분할일×)을 원인날짜로 기재한다(**암35 : 전이후경**).

ⓑ 상속등기 **후** 협의분할 한 경우 등기는 **소유권경정등기**(소유권이전등기×)로 행하여지고, **협의분할일**(사망일×)을 원인날짜로 기재한다.(**암35 : 전이후경**)

④ 상속등기는 단독신청이므로 **등기필정보와** 인감증명정보는 제공하지 않는다.(제공한다×)

④-1 상속등기를 신청하면서 등기원인을 증명하는 정보로서 상속인 전원이 참여한 **공정증서에 의한 상속재산분할협의서를** 제공하는 경우, 상속인들의 인감증명을 제출할 필요가 없다.

④-2 상속재산분할심판에 따른 상속인의 소유권이전등기는 법정상속분에 따른 상속등기를 거치지 않으면 할 수 없다×.

⑤ 상속인이 수인인 경우 **자기지분만에** 대한 상속등기는 **불가능**하다(가능하다×)(**암27**) : 제29조 2호

⑥ 상속인이 수인인 경우 1인이 전원명의로의 상속등기는 가능하다(불가능하다×).

⑦ 상속인이 상속포기를 할 수 있는 기간 내에는 **상속인의 채권자가** 대위권을 행사하여 상속등기를 신청할 수 있다(없다×).

⑧ 피상속인으로부터 그 소유의 부동산을 매수한 매수인이 등기신청을 하지 않고 있던 중 상속이 개시된 경우, 상속인은 신분을 증명할 수 있는 서류를 첨부하여 피상속인으로부터 바로 매수인 앞으로 소유권이전등기를 신청할 수 있다.

❹유증(소+이)★	①공동(포괄,특정) ㉠수증자(권리자) ㉡유언집행자(의무자)	②효력발생 ㉠포괄 = 사망시 ㉡특정 + 등기시	③원인일자: 사망, 　조건성취일 ④상속등기 없이 가능 ⑤상속말소 없이 가능 ⑥유류분침해시: 수리	○: ⑦유언장, 등기필정보 인감	⑧자기지분만: ○ ⑨생존중: 가등기× ㉠사망시: 가등기○	갑구	주등기

① 유증에 의한 소유권이전등기는 포괄, 특정유증 불문하고 수증자가 등기권리자 유언집행자(상속인)이 등기의무자가 되어 **공동**(단독×)으로 신청한다(**암14-1**).

② ㉠ 포괄유증은 유증자의 **사망시**(등기해야×) 물권변동의 효력이 발생한다.

　㉡ 특정유증은 **등기해야**(사망시×) 물권변동의 효력이 발생한다.

③ 유증으로 인한 소유권이전등기의 등기원인은 '0년 0월 0일 유증'으로 적되 그 연월일은 원칙적으로 유증자가 사망한 날을 적는다. 다만, 유증에 조건이나 기한이 붙은 경우에는 그 **조건이 성취된 날이나 그 기한이 도래한 날**을 등기원인일자로 신청서에 적는다.

③-1 정지조건이 붙은 유증을 원인으로 소유권이전등기를 신청하는 경우, 조건성취를 증명하는 서면을 첨부하여야 한다.

④ 상속등기가 경료되지 아니한 경우, **상속등기를 거치지 않고**(거치고×) 유증자로부터 직접 수증자 명의로 등기를 신청한다.

④-1 유증으로 인한 소유권이전등기는 상속등기를 거치지 않으면 유증자로부터 직접 수증자 명의로 신청할 수 없다 ×

⑤ 유증으로 인한 소유권이전등기 전에 이미 상속등기가 경료 되었다면 그 **상속등기를 말소하지 않고**(말소하고×) 상속인으로부터 유증으로 인한 소유권이전 등기를 신청할 수 있다.

⑥ 유증으로 인한 소유권이전등기 신청이 상속인의 **유류분을 침해**하는 내용이라 하더라도 등기관은 이를 **수리**(각하×)하여야 한다.

⑦ 유증으로 인한 소유권이전등기를 신청할 때에는 등기의무자(유증자)의 **등기필정보를 제공**하여야 한다(제공 안 한다×)(**암16**).

⑧ 유증의 경우에도 수증자가 수인인 경우 수증자 중 **1인의 자기지분만의** 등기는 **가능**하다.(불가능하다×) **(암27)**

⑨ 유증자의 **사망 전에는** 유증을 원인으로 하여 소유권이전청구권보전가등기를 할 수 없지만(있지만×), 유증자가 **사망한** 경우는 유증에 의한 소유권이전청구권보전가등기는 **가능**하다(불가능하다×).

❺수용(소+이)	① 단독 or 관공서 촉탁	②직권말소 : 소유권이외 권리 (단,상속,지역권×)	③수용 개시일	④ ×: 등기필정보, 인감, 농취증 　○: 협의성립확인서	⑤재결실효시 소+말소 등기: 공동신청	주등기

① 수용으로 인한 소유권이전등기는 토지수용위원회의 재결서를 등기원인증서로 첨부하여 **사업시행자가 단독**(공동×)으로 신청할 수 있다(**암14**).

② 甲소유 토지에 대해 사업시행자 乙이 수용보상금을 지급한 뒤 乙 명의로 재결수용에 기한 소유권이전등기를 하는 경우, **수용개시일 후 甲이 丙에게 매매를** 원인으로 경료한 소유권이전등기는 **직권 말소**된다(말소 안 된다×).

②-1 수용에 의한 소유권이전등기시 수용 전, 후를 불문하고 **소유권이외의 권리(저당권, 처분제한 등기 등)는 직권으로 말소**한다(말소 안 한다×)(**암11-1**).

②-2 수용에 의한 소유권이전등기시 **상속등기**는 직권말소되지 않는다.

②-3 등기관이 수용으로 인한 소유권이전등기를 하는 경우 그 **부동산을 위하여 존재하는 지역권**(지상권×)의 등기 또는 토지수용위원회의 **재결**(裁決)**로써 존속**(存續)**이** 인정된 권리의 등기는 **직권말소하지 않는다**(말소된다×)(**암36 : 상,역**).

③ 수용으로 인한 소유권이전등기신청서에 등기원인은 토지수용으로, 그 **연월일은 수용의 개시일**(재결일×)로 기재해야 한다.

④ 수용에 의한 소유권이전등기시 등기필정보나 **인감증명정보나 농지취득증명정보**는 제공하지 않는다(제공한다×).

⑤ 수용에 의한 소유권이전등기 완료 후 **수용 재결의 실효**로 그 소유권말소등기를 신청하는 경우, **공동신청**(직권×)으로 말소한다.

❻진정명의의 회복 (소＋이)	①공동(권리자＋ 현재등기명의인) or 이행판결(단독)	②○ : 등기원인 × : 원인날짜	③× : ⓐ 토지거래허가서, 검인계약서, 농취증 등 ⓑ 공동신청시 등기원인증명정보× ④○ : 판결시등기원인서면(판결서),등기필정보	갑구	⑩주등기

① 甲 소유 토지에 대해 甲과 乙의 **가장매매에** 의해 乙 앞으로 소유권이전등기가 된 후에 선의의 丙 앞으로 저당권설정등기가 설정된 경우, 甲과 乙은 **공동으로 진정명의회복**을 위한 이전등기를 신청할 수 있다.

①-1 이미 자기 앞으로 소유권을 표상하는 등기가 되어 있는 자는 현재의 등기명의인을 상대로 **이행판결 받아서 단독**으로 진정명의회복을 등기원인으로 하여 소유권이전등기를 신청할 수 있다. (없다×)

①-2 **특정유증을 받은 자로서** 아직 소유권등기를 이전받지 않은 자는 직접 진정명의회복을 원인으로 한 소유권이전등기를 청구할 수 없다.

② 신청정보에 등기원인은 기록하나 **등기원인일자를** 기록하지 **않는다(**기록한다×).

③ 토지거래허가의 대상이 되는 부동산에 관하여 진정명의회복을 등기원인으로 하여 소유권이전등기를 신청하는 경우, **토지거래허가증을** 첨부할 필요가 없다(첨부한다×).

③-1 진정명의회복을 원인으로 한 소유권이전등기를 신청하는 경우 **검인계약서나 「농지법」상 농지취득자격증명서는** 제공할 필요 없다(있다×).

④ 공동신청시 등기원인정보는 제공하지 않지만, 판결에 의한 소유권이전등기시는 **판결서를 등기원인증명정보로** 제공하여야 한다(제공 안 한다×).

⑤ 진정명의회복을 위한 소유권**이전등기**청구소송에서 승소확정판결을 받은 자는 그 판결을 등기원인으로 하여 현재 등기명의인의 소유권이전등기에 대하여 **말소등기를** 신청할 수는 없다.(있다×)

⑥ 소유권이전등기**말소청구소송에서 패소확정판결을** 받았다면 그 후 진정명의회복을 원인으로한 소유권 **이전등기**청구소송을 제기할 수 **없다.**

❼ 환매특약등기	①공동권 : 매도인 (제3자×) 의: 매수인	②㉠직권 말소: 행사○ ㉡공동: 행사이외	③㉠필: 매매대금+ 매매비용 ㉡임: 존속기간 ㉢별개신청서	④×: ㉠등기필정보(특약 당시 매수안·등기필 정보 존재 않음) ㉡인감(특약 당시 아직 소유자가 아니므로)	⑤소이 + 동시신청 않으면 (제29조 2호)	⑥ 부기 갑구 ㉠약정 ㉡을→병

● 암기 : ⑨매는 ⑩구에 ⑪기부기 노래 불렀다

● 암기 : ⑨매 + ⑫사 + ⑬

① 환매권의 등기는 **매도인이 등기권리자**로 매수인이 등기의무자로서 공동신청하고, **제3자를 환매권리자로** 하는 환매권등기신청은 불가능하다(가능하다×)

①–1 환매등기의 경우 매도인이 아닌 제3자를 환매권리자로 하는 환매등기를 할 수 있다×

② ㉠ **환매에 행사에 따른 권리취득의 등기를** 한 경우, 등기관은 특별한 사정이 없는 한 환매특약의 등기를 **직권**(공동신청×)으로 말소해야 한다(**암38 : 직행**).

　㉡ 환매권의 **행사가 없이** 존속기간의 경과 또는 당사자 사이의 합의 등으로 소멸하는 경우에는 **공동신청**(직권×)으로 말소한다.

③ ㉠ 환매특약등기시 신청정보의 필요적 기재사항(임의적 기재사항×)으로 매수인이 **지급한 매매대금과 매매비용**을 기록해야 한다.

　㉡ **환매기간**은 등기원인에 그 사항이 정하여져 있는 경우에만 기록하는 임의적 기록사항이다. (필요적 기재사항이다×)

　㉢ 환매특약의 등기신청은 매매로 인한 소유권이전등기 신청과는 **별개의 신청정보**(1개의 신청정보로 일괄신청×)에 의하여야 한다.

④ 매매로 인한 소유권이전등기 신청과 동시신청이라는 점에서 등기의무자의 권리에 관한 **등기필정보나 인감증명서는 제공하지** 아니한다(제공한다×).

⑤ 환매특약등기는 매매로 인한 소유권이전등기 신청과 **동시에** 하여야(소유권이전등기가 마쳐진 후에×) 하므로 동일한 접수번호가 부여된다.

⑥ 환매특약의 등기는 갑구(을구×)에 매매로 인한 소유권이전등기에 **부기등기**(주등기×)로 한다. **(암37 : 환갑에 부기)**

⑦ 환매특약등기에 **처분금지적 효력은** 인정되지 않는다.

⑧ 매매목적물의 소유권의 **일부 지분에** 대한 환매권을 보류하는 약정을 맺은 경우, 환매특약등기 신청은 할 수 없다.

❽신탁 등기 ★	①수탁자: 단독신청 ㉠대위: 위탁자 or 수익자: 동시신청✕	②이전, 설정등기와 1건의 신청정보(일괄신청)	③신탁원부: 매 부동산마다 ④수탁자 수인: 합유관계 표시 ⑤농지: 농취증 첨부	⑥소이 + 동시신청	⑦주등기 ⑧하나의 순위번호

● 암기 : (수단)이 (위대)하여 (동),(하나),를 (매),(주),(일) 마다 (합)하여 신탁한다

① (수)탁자가 (단)독신청 한다

② (위)탁자가 (대)위신청할 수 있다

③ 권리등기와 (동)시에 신청한다

④ 권리의 등기와 (하나)의 순위번호를 사용한다

⑤ 신탁원부는 (매) 부동산마다 제공한다

⑥ (주)등기로 행하여진다

⑦ 권리의 등기와 (일)괄신청한다

⑧ 수탁자가 수인인 경우 재산 소유관계는 (합)유이다

①⑥ 부동산의 **신탁등기 또는 신탁등기 말소등기는 수탁자가** 소유권이전등기와 **동시에 단독**(공동✕)**으로** 신청할 수 있다(**암39**).

㉠ **위탁자나 수익자가** 수탁자를 대위하여 신탁등기를 신청하는 경우에는 해당 부동산에 관한 권리의 설정등기의 신청과 **동시에 하여야 할 필요는 없다**(있다✕).

② 수탁자의 신탁등기 신청은 해당 부동산에 관한 권리의 설정등기, 보존등기, 이전등기의 신청과 함께 **1건의 신청정보로 일괄**(별개의 신청정보로✕)하여 해야 한다.

③ 등기관이 신탁등기를 할 때에는 **매 부동산마다** 신탁원부를 작성하여야 하는데, 이때의 신탁원부는 등기기록의 일부로 본다.

④ 신탁등기시 수탁자가 甲과 乙인 경우, 등기관은 신탁재산이 甲과 乙의 **합유**(공유✕)인 뜻을 기록해야 한다.

⑤ 농지에 대하여 「신탁법」상 신탁을 등기원인으로 하여 소유권이전등기를 신청하는 경우, 신탁의 목적에 관계없이 **농지취득자격증명을 첨부**하여야 한다(첨부 안 한다✕).

⑦ 신탁재산이 수탁자의 고유재산이 되었을 때에는 그 뜻의 등기를 **주등기**(부기등기✕)로 하여야 한다.

⑧ 신탁재산의 일부가 처분되어 권리이전등기와 함께 신탁등기의 변경등기를 할 경우 **하나의 순위번호**(다른 순위번호✕)를 사용한다.

⑨ **법원은** 신탁변경의 **재판을** 한 경우 지체 없이 **신탁원부 기록의 변경등기를** 등기소에 **촉탁**(수탁자의 신청✕)하여야 한다.

⑩ **등기관이** 신탁재산에 속하는 부동산에 관한 권리에 대하여 수탁자의 변경으로 인한 이전등기를 할 경우에는 **직권으로** 그 부동산에 관한 **신탁원부 기록의 변경등기를** 하여야 한다.

⑪ **수탁자를 의무자로** 하는 처분제한등기(가압류, 가처분)는 **수리**하지만, 위탁자를 의무자로 하는 처분제한등기는 수리하지 않는다.

❾지상권 설정(건물, 공작,수목)	①공동.권: 지상권자 의:설정자	②필: ⓐ목적, ⓑ범위 ③임: ⓐ지료, ⓑ존속기간 ㉠불확정기간도가능 ㉡최단위반시: 수리	④○: 등기필정보, 인감, 도면(일부) 토지거래허가서 ⑤지상이전시-소유자승낙×	⑥공유지분× ⑦부동산 일부○ ⑧2중×	을구	주등기
❾-1 구분지상권		⑭필: 범위특정(지상 지하상하) 임: 토지사용제한특약	⑪도면제공× ⑫이해관계인승낙서○	⑩수목× ⑬상하 구분해서 2중 가능		

① 지상권설정등기는 **지상권자가 등기권리자가** 되고 지상권설정자가 등기의무자가 되어 공동으로 신청한다.

② 지상권설정의 **목적과 범위는** 지상권설정등기 신청정보의 **필요적**(임의적×)기재사항이다.

②-1 1필 토지 전부에 지상권설정등기를 하는 경우, 지상권 설정의 범위를 기록하지 않는다(×).

③ **지료나 존속기간은** 지상권설정등기 신청정보의 **임의적**(필요적×) 기재사항이다. **(암15)**

　　㉠ 지상권의 존속기간은 **불확정기간으로** 정할 수 있으므로(없다×) "철탑존속기간으로 한다."라는 약정은 30년을 최단 존속기간으로 하는 불확정기간을 정한 것으로 본다.

　　㉡ 지상권설정등기시 존속기간을 민법의 **최단존속기간에 위반한** 등기신청도 수리(각하×)한다.

④ 지상권의 목적이 **토지의 일부**(전부×)인 때에는 **지적도**(토지대장×)를 첨부하고 그 목적인 부분을 표시하여야 한다. **(암23)**

⑤ 지상권이전등기시 토지소유자의 승낙은 필요없다(필요하다×).

⑥ 토지의 공유자 중 1인을 등기의무자로 하여 그의 **지분만**을 목적으로 하는 구분지상권을 설정할 수 **없다**(있다×) **(암25)**.

⑦ 분필등기를 거치지 않더라도 1필의 토지 일부에 관한 지상권설정등기는 할 수 있다(없다×).

⑦-1 「**하천법」상 하천**에 대한 지상권설정등기신청 신청시 제29조 2호(사건이 등기할 것이 아닌 경우) 각하사유다.

⑦-2 **지상권양도금지특약**(법령에 근거가 없는 특약사항의 등기신청)은 제29조 2호의 각하사유이다.

⑧⑬ 일반 지상권은 **2중으로** 설정할 수 없지만(있다×), 동일 토지에 관하여 지상권이 미치는 범위가 각각 다른 **2개의 구분지상권을** 각각 따로 등기할 수 **있다**(없다×).

⑨ 지상권**설정**등기는 **주등기**(부기등기×)로 하고, 지상권**이전**등기는 **부기**등기(주등기×)로 한다.

⑩ **수목을** 목적으로 하는 구분지상권은 설정할 수 없다(있다×).

⑪⑭ **구분지상권에** 있어 지하 또는 지상 공간의 상하의 범위는 평균해면 또는 지상권을 설정하는 토지의 특정 지점을 포함한 수평면을 기준으로 하여 이를 명백히 기록하여야 하나 **도면을 첨부할 필요는 없다**(있다×).

⑫ 구분지상권의 등기를 하고자 하는 토지에 전세권 등 토지를 사용하는 권리(이해관계인)에 관한 등기가 존재하는 때에는 신청정보에 그 권리자의 **승낙서를** 첨부하여야 한다(첨부할 필요가 없다 ×).

⑩지역권 설정	①공동 권: 요역지소유자 의: 승역지소유자 (전세권자○)	②승역지 등기소-신청 ③요역지-직권	④필: 요역지 표시,목적,범위 ⑤당사자가 정한 특약	⑥○: 일부(승역지): 도면 ⓐ요역지는: 전부만 ⑦요역지 이전시 지역권 당연 이전 ⑧시효완성으로 통행지역권취득-등기○	⑧부동산일부○ ⑨공유지분: ×	갑구	⑨(소)~주 (전)~부기

① 지역권설정등기는 **승역지소유자를 등기의무자**(등기권리자×), **요역지 소유자를 등기권리자**(등기의무자×)로하여 공동으로 신청함이 원칙이다.

①-1 승역지의 **지상권자도** 지역권설정자로서 등기의무자가 될 수 있다(없다×).

② 지역권설정등기는 **승역지**(요역지×) 관할 등기소에 **신청**하여야 한다.

③ 지역권설정등기시 **요역지**(승역지×) 지역권의 등기사항은 등기관이 **직권**으로 기록하여야 한다. (암: **요+직**)

④ 지역권설정등기 신청서에는 부동산의 표시 등 일반적 기재 사항 이외에 지역권설정의 **목적과 범위를** 기재하여야 한다.

④-1 승역지에 지역권설정등기를 한 경우, 요역지의 등기기록에는 그 **승역지를 기록**해야한다(기록할 필요가 없다×)

④-2 지역권의 경우, 승역지의 등기기록에 설정의 목적, 범위 등을 기록할 뿐, 요역지의 등기기록에는 지역권에 관한 등기사항을 기록하지 않는다(×).

⑤ 지역권설정등기시 승역지 소유자가 공작물의 설치의무를 부담하는 약정을 한 경우, 등기원인에 그 약정이 있는 경우에만 이를 기록한다.

⑥ **승역지는** 1필지 전부도 가능하고 **일부도 무방하고** 일부인 경우에는 도면을 제공하여야 한다.

　　ⓐ 요역지는 반드시 1필지 토지 **전부**(일부×)이어야 한다.

⑦ 요역지의 소유권이 이전되면 지역권은 **별도의 등기 없이**(등기해야×) 이전된다.

⑧ 시효완성을 이유로 통행지역권을 취득하기 위해서는 그 **등기가** 되어야 한다.

⑨ 지역권설정등기는 소유권에 대한 경우에는 주등기로 하며, 승역지의 **전세권자가 지역권을 설정**해주는 경우, 그 지역권 설정등기는 **부기**등기로 한다.

⑪전세권 설정★	①공동 권: 전세권자 의: 전세설정자 ②공유부동산은 공유자 전원 의무자	③필: ⓐ전세금, ⓑ범위 ④임: ⓐ존속기간, ⓑ양도금지 특약등	⑤○: 도면(일부), 등기필정보, 인감단, 특정층 전부는 도면× ⑥ 5개이상: 공동전세목록작성 ⑦ 증액변경등기: 후+저(이해관계인○) ⑧ 존속기간만료시: 전세권목적저당권×	⑨공유지분× ⑩농지전세× ⑪2중× ⑫부동산일부○	을구	⑬주등기 (갑→을)
⑪-1.전세금 반환채권의전 세권일부 이전	⑭존속기간 종료 후	⑮양도액 기재			을구	⑯부기 (을→병)

① 전세권**설정**등기는 **전세권자가 등기권리자**(등기의무자×)이고 전세권설정자가 등기의무자가 되어 공동으로 신청한다.

② 공유부동산에 전세권을 설정할 경우, 그 등기기록에 기록된 **공유자 전원이**(1인이×) 등기의무자이다.

③ 전세권설정등기 신청정보에는 **전세금(전전세금)과 전세권의 목적인 범위를** 필요적(임의적×)기재사항으로 반드시 기재하여야 한다.(암: 전,범)

③-1 전세권 설정등기를 하는 경우, 등기관은 전세금을 기록해야 한다.

④ **등기원인에 존속기간, 양도금지특약, 위약금 약정이** 있는 경우, 등기관은 전세권설정등기를 할 때 이를 기록한다.

⑤⑫ 전세권의 설정등기는 **1필 토지의 일부** 또는 1동의 건물의 일부에도 할 수 있고(없고×) 이 경우 도면을 제공하여야한다. 다만, 전세권의 목적인 범위가 건물의 일부로서 **특정 층 전부인 경우에는** 전세권설정등기 신청서에 그 층의 **도면을 첨부하지 않는다.(암23)**

⑥ 등기관(등기신청인×)은 **5개(2개×)** 이상의 부동산에 관하여 전세권설정등기를 실행함에는 **공동전세목록을** 작성하여야 한다.

⑦ 전세권의 전세금을 **증액(존속기간연장)**하는 변경등기를 신청하는 경우, 후순위저당권자는 「부동산등기법」상 **이해관계인에** 해당된다(안 된다×).

⑧ 전세권의 **존속기간만료시에는** 전세권목적의 저당권설정등기는 할 수 없다(있다×).

⑧-1 전세권이 소멸되었으나 그 등기가 말소되지 않고 있는 건물에는 새로운 전세권의 설정등기를 할 수 없다.

⑨ **공유지분에** 대하여 전세권설정등기를 할 수 **없다**(있다×)(암25).

⑨-1 집합건물에 있어서 특정 전유부분의 **대지권에** 대하여는 전세권설정등기를 할 수가 없다.

⑩ **농경지를** 목적으로 한 전세권설정등기는 불가능하다(가능하다×)(제29조 2호).

⑩-1 **전세권양도금지특약은** 가능하다.

⑪ 2중 전세권등기는 불가능하다(가능하다×).

⑪-1 전세권의 존속기간이 만료된 경우, 그 전세권설정등기를 말소하지 않고 동일한 범위를 대상으로 하는 다른 전세권설정등기를 할 수 있다(×).

⑬ 전세권**설정**등기는 주등기(부기등기×)로 한다.

⑭ 전세권이 **소멸하기 전에** 전세금반환채권의 일부양도에 따른 전세권일부이전등기를 신청할 수 **없다**(있다×).

⑮ 전세금반환채권의 일부양도를 원인으로 한 전세권일부이전등기를 할 때 **양도액을 기록**한다(기록 안 한다×).

⑯ 전세권이전등기는 **부기**등기(주등기×)로 한다.

⑰ 전세권의 **사용·수익 권능을 배제**하고 채권담보만을 위해 전세권을 설정한 경우, 그 전세권설정등기는 무효이다.

⑱ 전세권설정등기가 된 후에 건물전세권의 존속기간이 만료되어 **법정갱신이** 된 경우, 甲은 존속기간 연장을 위한 **변경등기를 해야**(하지 않아도×) 그 전세권 에 대한 저당권설정등기를 할 수 있다.

⓬임차권 등기 (대항력)	①공동 권: 임차인 의: 임대인	②임차권명령 (촉탁): 기간종료 후	③필: ⓐ차임 ⓑ범위 ④임: ⓐ임차보증금, ⓑ존속기간 (불확정가능)	○: 도면 (부동산 일부)	⑤임차권명령등기 후 그 기초한 임차권이전등기× ⑥구분임차권등기×	을구	⑦주 등기

① 임차권등기는 **임차인 등기권리자**(등기의무자×)이고 임대인이 등기의무자로서 공동으로 등기하면 제3자에게 대항할 수 있다.

② 주택임차권 **종료 후**(중×) 보증금 전부나 일부를 변제받지 못한 임차인은 임차주택소재지 관할**법원에** 임차권등기명령을 신청할 수 있다.

②-1 임차권명령등기는 **법원의 촉탁**(직권×)으로 행하여진다.

③ 임차권의 설정등기신청정보에는 **차임 및 범위**를 필요적(임의적×)으로 기재하여야 하고, **존속기간은 임의적**(필요적×) 기록사항이다.

③-1 임대차 차임지급시기에 관한 약정이 있는 경우, 임차권 등기에 이를 **기록하지 않더라도** 임차권 등기는 유효하다.

④ ⓐ 임차권설정등기시 **임차보증금은** 등기원인에 있는 경우 등기부에 기록하는 **임의적**(필요적×) 기록사항이다.

④-1 차임이 없이 보증금의 지급만을 내용으로 하는 채권적 전세의 경우, 임차권설정등기기록에 임차보증금을 기록한다.

ⓑ 송전선이 통과하는 선하부지에 대한 임대차의 존속기간을 '송전선이 존속하는 기간'으로 하는 **불확정기간으로** 하는 임차권설정등기도 가능하다(불가능하다×).

⑤ 주택임차권등기명령에 따라 임차권등기가 된 경우, **그 등기에 기초한** 임차권이전등기를 할 수 **없다**(있다×).

⑥ 토지의 공중공간이나 지하공간에 상하의 범위를 정하여 **구분임차권등기를 할 수 없다**(있다×).

⑦ 임차권설정등기는 주등기로 하고, 임차권이전나 전대차등기는 부기등기(주등기×)로 한다.

⑧ 임차권설정등기가 마쳐진 후 임대차 기간 중 임대인의 동의를 얻어 임차물을 전대하는 경우, 그 **전대등기는 부기등기의** 방법으로 한다.

⑨ 미등기 주택에 대하여 임차권등기명령에 의한 등기촉탁이 있는 경우, 등기관은 직권으로 소유권 보존등기를 한 후 주택임차권등기를 해야 한다.

⑬ 저당권 설정 등기★	①공동 권리자: 저당권자 의무자: 저당권설정자	②필: ⓐ채권액(금전채권이 안닌 경우 채권가액), ⓑ채무자, ⓒ권리의(전세권)표시, ⓓ공동담보표시 ③임: ⓐ이자, ⓑ이자지급시기, ⓒ변제기, ⓓ부합물에미치지 않는다는 특약(증축부분변경등기 필요 ×)	⑤○: ⓐ등기필정보, 인감제공 ⓑ공동담보목록(5개): 등기관이 작성(등기부의 일부로 봄)	⑥공유지분: ○ ⑦부동산일부×	을구	⑧㉠소: 주 ㉡전세(지상): 부기

① 저당권**설정**등기시 **저당권자가 등기권리자**(등기의무자×)이고 저당권설정자가 등기의무자로 공동 신청한다.

①-1 저당권을 설정하는 경우 채권자와 채무자 및 **제3자 사이에 합의가** 있었고 제3자에게 그 채권이 실질적으로 귀속되었다고 볼 수 있는 특별한 사정이 있으면 **제3자 명의의 저당권등기도 유효**하다.

② 저당권의 설정등기를 신청하는 경우 필요적(임의적×) 기록사항으로 **채권액과 채무자**를 기록하여야 한다.

  ⓐ **일정한 금액을 목적으로 하지 아니하는** 채권을 담보하기 위한 저당권설정등기는 가능하다(불가능하다×).

  ⓐ-1 일정한 금액을 목적으로 하지 않는 채권을 담보하기 위한 저당권설정등기를 신청하는 경우, 그 **채권의 평가액을** 신청정보의 내용으로 등기소에 제공하여야 한다(제공할 필요가 없다×).

  ⓑ 채무자와 저당권설정자가 동일한 경우에도 등기기록에 **채무자를 표시**하여야 한다.

  ⓑ-1 채무자의 성명, 주소만 기록하고 **주민등록번호는** 기록하지 않는다.

  ⓒ 저당권의 목적이 소유권 이외의 권리인 때(전세권, 지상권)에는 신청정보에 **그 권리의 표시를** 하여야한다(표시 안 한다×).

  ⓓ 공동저당설정등기를 신청하는 경우, **각 부동산에 관한 권리의 표시를** 신청정보의 내용으로 등기소에 제공하여야 한다(제공할 필요가 없다×).

③ 저당권설정등기시 **이자나 변제기는** 저당권설정등기의 임의적(필요적×) 기록사항이다.

  ⓐ 증축된 건물이 기존 건물과 일체성이 인정되어 건물표시변경등기로 증축등기가 된 경우, 증축건물에 근저당권의 효력이 미치도록 하기 위하여 **별도의 변경등기는 필요 없다**(있다×).

④ⓑ **등기관**(신청인×)은 동일한 채권에 관해 **5개**(2개×) 이상의 부동산에 저당권설정등기를 할 때는 **공동담보목록을 전자적으로 작성**해야 한다.

⑤⑥ **공유지분을** 목적으로 하는 저당권설정등기는 **가능**하나(불가능×), 1필 **토지의 특정 일부를** 객체로 하는 저당권의 설정등기를 신청할 수 **없다**(있다×)(**암25**).

⑦ **소유권목적의** 저당권설정등기는 주등기(부기등기×)이지만, **전세권이나 지상권목적의** 저당권설정등기는 **부기등기**(주등기×)로 한다.

⑧ 등기관이 공동저당의 설정등기를 하는 경우, 각 부동산의 등기기록 중 해당 등기의 **끝부분에 공동담보라는 뜻의** 기록을 해야 한다.

⓮ 저당권 이전등기 (채권자변경시)	①공동 권 : 양수인 의 : 양도인	②필 : 저당권이 채권과 함께 이전한다는 뜻 ③채권의 일부양도로 인한 저당권이전도 가능(채권액기재)	④× : 채무자의 통지서,승낙서	⑤피담보채권과 분리양도×	⑥㉠부기 ㉡종전의 저당권표시는 말소함

① 甲 소유로 등기된 토지에 설정된 乙 명의의 근저당권을 丙에게 이전하는 등기를 신청하는 경우, **등기의무자는 乙(양도인)**(양수인×)이고 등기권리자는 양수인(丙)이다.

② 저당권의 이전등기를 신청하는 경우에는 **저당권이 채권과 같이 이전한다는 뜻**을 신청정보의 내용으로 등기소에 제공하여야 한다.(제공할 필요가 없다×)

③ 채권의 일부에 대한 대위변제로 인한 저당권 일부이전등기도 가능하다(불가능하다×).

③-1 채권의 일부에 대하여 양도로 인한 저당권 일부이전등기를 할 때 양도액을 기록해야 한다(기록 안한다×).

④ 근저당권이전등기를 신청할 경우, 채무자나 근저당권설정자가 물상보증인이더라도 **그의 승낙을 증명하는 정보**를 등기소에 **제공하지 않는다**(제공한다×).

⑤ 저당권은 **피담보채권과 분리해서** 저당권이전등기는 불가능하다(가능하다×)(제29조 2호).

⑥ 저당권**이전**등기는 **부기등기**(주등기×)로 하고 **종전 저당권자의 표시는 말소한다**(말소 안 한다×).

⓯저당권 말소 등기★	①공동신청. 권리자 : 저당설정자, 의무자 : 저당권자	②신청서 : 주등기(설정)등기 표시 ③주등기(설정등기)말소되면 저당권이전등기는 : 직권말소	× : 인감 ○ : 등기필정보	④저당권이전후 말소등기 의무자 : 양수인 ⑤소유권이전후 말소등기권리자 ⓐ변제시 : 설정자 or 제3취득자 ⓑ원인무효 : 제3취득자만(＝현재소유자)	주 등기

① 甲이 자신의 부동산에 설정해 준 乙명의의 저당권설정등기를 말소하는 경우, **甲이 절차법상 등기권리자(저당권설정자)**이고 저당권자(乙)이 말소등기 의무자에 해당한다.

② 저당권설정등기 후 저당권을 이전한 경우 저당권말소등기신청정보에는 **주등기인 저당권설정등기**(부기등기인 저당권이전등기×)를 표시한다.

③ 저당권설정등기 후 저당권을 이전한 경우 저당권설정등기가 말소되면 **저당권이전등기는 등기관이 직권** (별도신청×)으로 말소한다.

④ 근저당권이 이전된 후 근저당권의 **양수인은 소유자인 근저당설정자와** 공동으로 그 근저당권말소등기를 신청할 수 있다.

⑤ ⓐ 부동산에 관한 근저당권설정등기의 말소등기를 함에 있어 근저당권 설정 후 **소유권이 제3자에게** 이전된 경우, **근저당권설정자 또는 제3취득자는 근저당권자와** 공동으로 그 말소등기를 신청할 수 있다.

ⓐ-1 근저당권설정등기 후 소유권이 제3자에 이전된 경우, **채무변제시 제3취득자가 근저당권자**(저당권설정자×)와 공동으로 그 근저당권말소등기를 신청할 수 있다.

ⓑ 저당권설정등기 후 소유권이 제3자에게 이전된 경우 **원인무효로** 인한 저당권말소등기의 등기권리자는 **제3취득자로 저당권자와 공동으로 말소등기를 신청하면** 된다.

⑯ 근저당 설정 등기★	①공동신청 권리자: 근저당권자 의무자: 근저당설정자	②필 : ⓐ근저당이라는 뜻 ⓑ채권최고액(단일) : 구분× ⓒ채무자(연대×). ③임 : 존속기간등(이자×,변제기×)	④○ : 등기필정보,인감 ⓐ1근저+2근저 : 채권최 고액합이 전세금 초과하 더라도 가능	⑤피담보채권 확정 : ⓐ전 : 계약양도, 계약인수 ⓑ후 : 채권양도, 채무인수	을 구	주 등기

① 근저당권설정등기시 **근저당권자가 등기권리자가 되고**, 근저당권설정자가 등기의무자가 되어 공동
으로 신청한다.

①-1 채권자가 등기절차에 협력하지 아니한 채무자를 피고로 하여 **등기절차의 이행을 명하는 확정
판결을** 받은 경우, 채권자 **단독으로**(채무자와 공동×) 근저당권설정등기를 신청하여야 한다.

② 근저당권설정등기를 신청하는 경우 필요적(임의적×)기재사항으로 **근저당권설정계약이라는 뜻,
채권최고액, 채무자는** 기록하여야 한다.

②-1 신청정보의 채권최고액이 **외국통화로** 표시된 경우, **외화표시금액을** 채권최고액으로 기록한다.

ⓐ 근저당권설정등기를 하는 경우 그 근저당권의 채권자 또는 채무자가 수인이면 채권최고액을
단일(구분×)하여 기재하여야 한다.

ⓑ 채무자가 수인인 경우 연대채무자라도 등기부에는 **채무자로만** 기재된다.

③ **근저당권설정등기시** 존속기간은 임의적 기록사항이나 **이자나 변제기에** 관한 사항은 등기부에 기록
하지 **않는다**(기록한다×).

④ 동일한 전세권을 목적으로 하는 근저당권등기시 1번 근저당권채권최고액과 2번 근저당권채권최
고액의 합한 금액이 전세금을 초과하더라도 가능하다(불가능하다×).

⑤ ⓐ 근저당권의 이전등기는 피담보채권이 확정되기 **전**이라도 **계약의 양도**(채권양도×)나 계약의
일부양도를 원인으로 하여 근저당권이 전등기를 신청할 수 있다(**암43 전계, 후채**).

ⓑ 피담보채권이 확정된 **후에** 근저당권이전등기를 신청하는 경우 등기원인은 **확정채권의 양도**
또는 대위변제로 기록한다(**암43**).

⑥ 근저당권설정등기의 등기원인으로는 그 설정계약이 기재되고 기본계약의 내용은 기재되지 않는다.

⑯-1저당권부 권리 질권등기	①공동권 : 질권자 의 : 저당권자	②필 : ⓐ채권액 ⓑ채무자 ⓒ저당권표시 임 : ⓐ변제기 ⓑ이자	③○ : 등기필정보 × : 인감	을구	④부기

① 권리질권은 **질권자가 등기권리자가** 되고 **저당권자가 등기의무자가** 되어 공동으로 신청한다.

② 권리질권등기시 채권액, 채무자, 저당권의 표시는 필요적 기록사항이고, **변제기와 이자는 임의적**
기록사항이다.

③ 권리질권등기시 등기의무자의 등기필정보는 제공하나 의무자의 인감증명정보는 제공하지 않는다.

④ 저당권으로 담보한 채권을 질권의 목적으로 한 경우, 그 저당권등기에 질권의 **부기등기를 하여야**
(하지 않아도×) 그 질권의 효력이 저당권에 미친다.

❶부동산표시변경 등기(지목, 면적변경)	①단독신청 ②신청의무 (1월) : 과태료×	③직권 : 행정구역 변경시	④합필 ⓐ○ : 신,임,창,용,승 ⓑ× : 저,가등,가압,가처	⑤○ : 대장정보, ⑥× : 이해관계인승낙 서, 등기필정보,인감	표제부	⑦주등기, ⑧종전사항 말소함

① 부동산표시의 변경이나 경정의 등기는 소유권의 등기명의인이 **단독**(공동×)으로 신청한다(**암.14**).

② 건물의 소유권의 등기명의인은 건축물대장상 건물의 합병등록이 있는 날로부터 **1개월**(60일×) 이내에 건물합병등기를 신청하여야 한다.

②-1 건물합병등기를 신청할 의무가 있는 자가 그 등기신청을 게을리 하였더라도, 「부동산등기법」 상 **과태료를 부과받지 아니한다**(부과된다×).

③ **행정구역의 변**경으로 인하여 부동산표시에 변경이 생긴 경우 등기관은 **직권**(등기명의인의 신청×) 으로 부동산의 표시의 변경등기를 할 수 있다.

④ ⓐ 합필하고자 하는 토지 모두에 대하여 「부동산등기법」 제81조 제1항 각 호의 등기사항이 **동일한 신탁등기가** 존재할 경우 합필등기를 할 수 있다(없다×).

　ⓐ-1 합필하고자 하는 토지 모두에 대하여 등기원인과 연월일, 접수번호가 **동일한 저당권이** 존 재할 경우 합필등기를 할 수 있다(없다×)(**암44**).

　ⓐ-2 합필하는 토지에 **소유권, 지상권, 승역지에 관한 지역권, 전세권, 임차권의** 등기가 존재할 경우 합필등기를 할 수 있다(없다×).

　ⓑ **저당권, 가압류, 가처분, 경매기입등기가** 설정된 건물과 설정되지 않은 건물은 합병등기를 할 수 **없다**(있다×).

　ⓑ-1 甲 건물에만 저당권등기가 존재하는 경우에 건물합병등기가 허용되지 않는다.

⑤ 건물의 구조가 변경된 경우에는 변경등기를 신청하기 전에 먼저 건축물대장의 기재사항을 변경 하고 **대장정보를 첨부**하여야 한다(**암22**).

⑤-1 토지에 대한 표시변경등기를 신청하는 경우, 등기원인을 증명하는 정보로서 **토지대장정보를 제공**하면 된다.

⑥ 부동산 표시변경등기는 **이해관계인의** 승낙유무가 문제될 여지가 **없다**(승낙서가 필요하다×).

⑦ 건물의 면적이 변경된 경우에는 표제부에 함으로 **주등기**(부기등기×)의 방법에 의하여 변경등기를 한다.

⑧ 건물의 구조가 변경되어 변경등기를 하는 경우에는 **종전사항을 말소한다**(하지 않는다×)

⑨ 등기부 표제부의 등기사항인 **표시번호는** 등기부 갑구, 을구의 필수적 등기사항이 아니다.

❶등기명의인 표시변경등기 (개명,주소, 상호변경)	① 단독	②직권 : 등기명의인 표시변경 등기(주소변경등기) ㉠소유권이전등기시 or ㉡행정구역명칭변경시	③× : 이해관계인승낙서, 등기필정보,인감	④주소생략 : ㉠중간주소변경 ㉡가+말소,저+말소 ㉢멸실등기	갑구 or 을구	⑤항상 부기

① 등기명의인의 표시를 변경하는 경우에는 **단독**(공동×)으로 등기를 신청하여야 한다.(**암14**)

② ㉠ **소유권이전등기(소유권이전가등기×)를** 신청을 한 경우 등기관은 그 첨부된 정보에 의하여 **직권으로**(동시신청×) 등기명의인의 표시 변경등기(주소변경등기)를 할 수 있다.

　㉡ 행정구역의 명칭변경시 등기명의인표시변경등기는 등기관이 직권(신청×)으로 한다.

③ 등기명의인의 표시변경등기는 이해관계인이 없고, 단독신청이므로 등기의무자의 등기필정보나 인감정보는 제공하지 않는다.

④ ⊙ 주소가 여러 차례 변경된 경우 **중간주소변경등기를 생략**하고 최종주소지로 변경등기할수 있다.

　ⓒ **가등기말소나 저당권말소등기시** 주소증명정보를 제공하면 주소변경등기를 생략하고 말소등기할 수 있다(없다×).

⑤ 등기명의인의 개명이나 주소이전에 따른 등기명의인표시의 변경등기는 **언제나 부기등**기(주등기×)로 한다.

⑥ 등기관이 토지소유권의 등기명의인 표시변경등기를 하였을 때에는 지체 없이 그 사실을 **지적소관청에 알려**야한다.

❿권리변경등기 (전세금증액변경)	①공동 권: 전세권자 의: 전세설정자	②○: 이해관계인승낙서 　　등기필정보. 인감: 증액○, 감액×	③승낙○: 부기 ㉠(변경 전 사항 말소함), ④승낙×: 주등기 ⓒ(변경 전 사항 말소 안함)

① 권리변경등기는 **공동**(단독×)으로 신청하여야 한다.(**암14-1**)

①-1 전세권의 전세금액을 **증액하는** 전세권변경등기의 **등기권리자는 전세권자**(전세권설정자×)이고 등기의무자는 전세권설정자이다.(**암13**)

② 권리변경등기를 신청함에 있어 공동신청이므로 등기의무자는 그 권리의 등기필정보를 제공하여야한다(제공 안 한다×)(**암16**)

③ 권리변경등기를 신청함에 있어 등기상 **이해관계인 없거나** 이해관계인이 있는 경우 이해관계인인 **제3자의 승낙서나** 이에 대항할 수 있는 재판의 등본을 첨부한 경우 그 등기는 **부기등기**(주등기×)로 실행을 한다.(**암45 승낙**하면 **부기**로 **말소**한다.)

　㉠ 권리변경등기를 부기등기로 실행한 경우에는 변경 전 사항을 **말소한다**(말소 안 한다×).

④ 권리변경등기를 신청함에 있어 등기상 이해관계 있는 제3자의 승낙서나 이에 대항할 수 있는 재판의 등본을 첨부하지 **못한** 경우 **주등기**(각하×)하여야 한다.

　ⓒ 권리변경등기를 **주등기로** 실행한 경우에는 **변경 전 사항을 말소 안 한다**(말소한다×)

⑤ 선순위근저당권의 채권최고액을 **감액하는** 변경등기는 그 저당목적물에 관한 후순위권리자의 승낙서가 첨부되지 않더라도 할 수 있다.

⑥ 권리의 변경등기는 그 등기로 등기상 이해관계 있는 제3자의 권리가 침해되는 경우, 그 제3자의 승낙 또는 이에 대항할 수 있는 재판이 있음을 증명하는 **정보의 제공이 없으면** 부기등기로 할 수 없다.

⓴ 경정등기	①일부+원시적 착오시	②동일성 : ㉠갑→을(×), ㉡갑을→병정×, ㉢전세→임차권×, ㉣비법인→법인× ㉤(단,갑→갑,을○) ㉥종전소유자 or 사망자×
		③권리자+의무자 다수→1인에만 통지
⓴-1직권경정등기	④ 등기관의 착오 (신청도 가능)	⑤이해관계인 승낙서 ○ ⑥지방법원허가×(지방법원에 사후보고),
		⑦ (권,의무자)사후통지→1인에게만

① 경정등기는 등기를 완료한 후 그 등기 **일부**(전부×)에 대하여 **원시적 착오** 또는 빠진 부분이 있음을 발견한 때에 한다.

①-1 경정등기시, 착오 또는 빠진 부분이 당사자의 과실에 의한 것이든 등기관의 과실에 의한 것이든 묻지 않는다.

② ㉠ 권리자는 **甲임에도** 불구하고 당사자 신청의 착오로 **乙명의로** 등기된 경우, 그 불일치는 경정등기로 시정할 수 **없다**(있다×)

　㉡ **전세권설정등기**를 하기로 합의하였으나 당사자 신청의착오로 **임차권으로 등기**된 경우, 그 불일치는 경정등기로 시정할 수 **없다**(있다×)

　㉢ **법인 아닌 사단이 법인화된** 경우에는 등기명의인을 법인으로 경정하는 등기를 신청할 수 **없다** (있다×)

　㉣ **갑의 단독소유를 갑을로** 하는 등기사항의 일부가 부적법하게 된 경우에는 **일부말소 의미의 경정등기를** 할 수 있다(없다×)

　㉤ 소유권이 이전된 후에도 **종전 소유권에** 대한 등기명의인의 표시경정등기를 할 수 없다.(있다×)

③ 착오 빠진 부분을 발견한 등기관은 이를 등기권리자와 등기의무자에게 알려야 하는데 권리자나 의무자가 2인 이상인 경우에는 그중 **1인에게만**(전원에게×) 통지 하면 된다.

④ 등기관의 과실로 인하여 등기사항의 빠진 부분이 있는 경우 등기관의 직권이나 당사자는 등기신청으로 경정등기 할 수 있다.

⑤ 직권경정등기시 **이해관계인이 있으면** 이해관계인의 **승낙이** 필요하다(없다×).

⑥ 직권경정등기시 지방법원의 사전허가는 필요치 않고, 직권경정등기 후 사후에 **지방법원장에게 보고한다.**

⑦ 권리자 또는 등기의무자가 2인 이상일 경우, 직권으로 경정등기를 마친 등기관은 그중 1인(전원×)에게 그 사실을 통지하면 된다.

⑧ 법정상속분에 따라 상속등기를 마친 **후에** 공동상속인 중 1인에게 재산을 취득케 하는 상속재산분할협의를 한 경우에는 소유권**경정**등기(소유권이전등기×)를 할 수 있다(없다×).

㉑말소등기 ① (전부+ 부적법) ★	②공동(원칙) ③단독 : ㉠혼동, ㉡사망소멸특약 ㉢소재불명(제권판결) ㉣가등기명의인 ㉤가등기의무자 or 이해관계인 ㉥가처분 후 제3자의 등기	④직권말소 : ㉠29조 1호(관할),2호(사건)만 (3호 : 무권대리인, 9호 위조서류 : 직권말소×) ㉡말소등기시 이해관계인 제3자의 등기말소 ㉢가등기에 기한 본등기시 중간처분등기말소등기 ㉣수용에의한 이전등기시 소유권이외의 권리말소 ㉤환매권행사시 환매등기의 말소 ㉥ 해당 가처분등기	⑤○ : 이해관계인의 승낙서(손해보는자) ㉠1전세말소시+ 전세목적 저당권자 ⑥이해관계인× : 동구의 선후관계 (ⓐ1전세+2저당) (ⓑ1소+3소)	갑구 or 을구	⑦ 주 등기

① 말소등기는 기존의 등기가 원시적 또는 후발적인 원인에 의하여 **등기사항의 전부**(일부×)가 부적 법할 것을 요건으로 한다.

② 지상권의 존속기간이 만료된 경우, **토지소유자는 그 지상권자와 공동**(단독×)으로 말소등기를 신 청할 수 있다.

②-1 권리의 말소등기는 **공동**(단독×)으로 신청하는 것이 원칙이다.

③ ㉠ 소유권과 전세권이 동일인에게 귀속되어 **혼동으로** 소멸한 경우에는 **단독**(직권×)으로 말소등 기를 신청하여야한다(**암14**).

　　㉡ 등기한 권리가 어떤 자의 **사망 또는 법인의 해산으로** 소멸한다는 특약이 있을 때에는 말소등 기는 등기권리자의 **단독신청**(직권×)에 의한다(**암14**).

　　㉢ 등기의무자의 **소재불명으로** 공동신청을 할 수 없을 때에는 등기권리자는 **제권판결을** 받아 단독 (직권×)으로 말소등기를 신청할 수 있다(**암14**).

　　㉢-1 말소할 권리가 전세권 또는 저당권인 경우에 제권판결에 의하지 않고 전세금반환증서 또는 영수증에 의하여 등기권리자가 단독으로 말소등기를 신청할 수 없다(있다×)

　　㉣ 가등기의 말소는 **가등기명의인의 단독**으로는 이를 신청할 수가 있다(없다×)

　　㉤ **가등기의무자나 가등기상 이해관계인도 가등기명의인의 승낙서**를 첨부하면 단독으로 가등기를 말소할 수 있다(없다×)

④ ㉠ 공동상속인 甲과 乙 중 **乙의 상속지분 만에 대한 상속등기(제29조 2호) 또는 농지를 목적으로 하는 전세권설정등기(제29조 2호)**가 실행된 경우, 등기관이 **직권**으로 말소할 수 있다. (**암11-1**)

　　㉠-1 등기를 신청한 **권리가 실체법상 허용되지 않는 것임에도** 불구(제29조2호)하고 등기관의 착 오로 등기가 완료된 때에는 등기관은 **직권**으로 등기를 말소한다.

　　㉠-2 ⓐ**위조한** 개명허가서를 첨부한 등기명의인 표시변경등기신청(**위조된** 甲의 인감증명)ⓑ**무 권대리인의** 신청), ⓒ**신청정보~**(제29조3호~)에 의한 甲으로부터 乙로의 소유권이전등기는 **직권으로 말소할 수 없다**(있다×).

　　㉡ 전세권을 목적으로 한 저당권설정등기는 **전세권말소등기신청시 저당권설정등기(말소등기시 이해관계있는 제3자의 등기)**는 **직권**(별도로 말소등기신청 ×)으로 말소한다. (암11-1)

　　㉡-1 피담보채무의 소멸을 이유로 근저당권설정등기가 말소되는 경우, 채무자를 추가한 근저당 권변경의 부기등기는 직권으로 말소된다.

　　㉢ **소유권이전청구권** 보전을 위한 가등기에 기해 본등기를 한 경우, 가등기 이후에 된 **근저당권 설정등기는 직권**으로 말소한다(말소 안 한다×)

　　㉣ **수용에 의한 소유권이전등기시** 수용 전, 후를 불문하고 소유권이외의 권리(**저당권**, 처분제한 등기등)는 **직권**으로 말소한다(말소 안 한다×) (**암11-1**)

ⓜ 환매권의 **행사에 의한 권리취득등기시** 환매특약등기는 등기관이 직권(공동신청×)으로 말소한다. **(암38: 직,행)**

⑤ 말소등기를 신청하는 경우에 '등기상 이해관계있는 제3자란' 등기의 말소로 인하여 **손해를** 입을 우려가 있는 것이 등기기록에 의하여 형식적으로 인정되는 자를 말한다.

⑤-1 말소등기를 신청하는 경우, 그 말소에 대하여 등기상 이해관계 있는 제3자가 있으면 그 제3자의 승낙이 필요하다.

　　㉠ 전세권(지상권)등기를 말소하는 경우 그 전세권(지상권)을 목적으로 하는 **저당권자는 이해관계인에 해당**된다(해당 안된다×)(암46).

⑥ ⓐ 순위 1번 저당권등기를 말소하는 경우 순위 2번 저당권자나 **2순위 저당권말소시 1순위 저당권자는** 이해관계인에 해당되지 않는다(해당된다×)

　　ⓑ 甲에서 乙로 乙에서 丙으로 소유권이전등기를 하고 **乙의 소유권말소시 丙은** 이해관계인이 **아니다**(이해관계인이다×)

⑦ 말소등기는 **주등기**(부기등기×) 형식으로 행한다.

❷멸실등기 ①(부+ 전부멸실)	②단독(신청의무 : 1월 : 과태료×), ③대위 : 대지소유자	④존재 않는 건물 +지체 없이(1월×)	⑤○ : 대장정보 ⑥× : 이해관계인 승낙서(멸실등기 한다는 뜻만 알림)	⑦표제부 (등기부폐쇄)	주등기

① 멸실등기는 **부동산이 전부**(일부×)가 멸실된 경우에 행하여진다.

①-1 등기된 건물이 화재로 없어진 경우, 멸실등기(말소등기×)를 한다.

② 건물의 멸실의 경우에 그 건물의 소유권의 등기명의인이 **단독신청으로** 사유가 발생한날로부터 **1개월**(60일×) 이내에 멸실등기를 신청하여야 하며 위반시 **과태료는 없다**(있다×) **(암14)**

③ 건물이 멸실된 경우, 그 건물소유권의 등기명의인이 1개월 이내에 멸실등기신청을 하지않으면 그 **건물 대지의 소유자가** 그 건물소유권의 등기명의인을 대위하여 멸실등기를 신청할 수 있다.

④ **존재하지 아니하는 건물**에 대한 등기가 있을 때에는 소유권의 등기명의인이 **지체 없이**(1월내×) 그 건물의 멸실등기를 신청하여야 한다.

⑤ 건물멸실등기를 신청하는 경우에는 그 멸실이나 부존재를 증명하는 **건축물대장정보나** 그 밖의 정보를 첨부정보로 등기소에 제공하여야 한다**(암22)**.

⑥ 소유권 외의 권리(이해관계인)가 등기되어 있는 건물에 대한 멸실등기의 신청이 있는 경우에 등기관은 그 권리의 등기명의인에게 1개월 이내의 기간을 정하여 그 기간까지 이의(異)를 진술하지 아니하면 **멸실등기를 한다는 뜻**(승낙서 첨부×)을 알려야 한다.

⑥-1 멸실등기시 등기관은 멸실등기로 인하여 말소되는 저당권자, 전세권자 등에게 멸실등기 한다는 뜻을 통지한다.

⑦ 등기관이 토지 멸실시 그 등기기록 중 표제부(갑구×)에 멸실의 뜻을 적고 그 **등기기록을 폐쇄**하여야 한다.

㉓말소회복 ①등기(전부 or 일부의 부적법말소	②공동 or 단독(상속 등기회복시)	③촉탁 or 직권	④자발 적으로 말소한 경우 ×	⑤○ : 이해관계인의승낙서 : (손해+ 양립가능) ⓐ○ : ㉠1저+2저, ㉡1저+2전 ⓑ× : ㉠전+전, ㉡지상+지상, ㉢소+소	⑥종전순위 ⑦의무자 : 말소당시소 유자	갑구 or 을구	⑧ ㉠전부 : 주, ㉡일부 : 부기

① 등기의 **전부 또는 일부가 부적법하게** 말소된 경우에 **말소등기의 말소등기는 허용되지 않고** 이를 말소회복하는 것이며, 그 부적법은 실체적 이유에 기한 것이든 절차적 하자에 기한 것이든 이를 묻지 않는다.

② 등기관의 직권 또는 법원의 촉탁에 의하여 말소된 경우에는 그 회복등기도 등기관의 **직권 또는 법원의 촉탁**에 의하여 행하여야 한다.

③ 당사자가 어떤 이유이건 **자발적으로** 말소등기를 한 경우에는 말소회복등기는 허용되지 **않는다** (허용된다×)

④ 말소된 등기의 회복을 신청하는 경우, 등기상 이해관계 있는 제3자가 있을 때에는 그 **제3자의 승낙이** 필요하다.

④-1 말소회복등기에 있어서 등기상 이해관계가 있는 제3자란 말소회복등기가 된다고 하면 **손해를** 입을 우려가 기존의 등기부 기재에 의하여 형식적으로 인정되는 자를 의미한다.

④-2 말소회복등기의 이해관계인의 판단시점은 말소등기시가 아니라 **회복등기시를** 기준으로 한다.

④-3 회복등기와 **양립이 가능한 자만이** 이해관계인이고, 양립할 수 없는 등기는 회복의 전제로서 말소의 대상이 될 뿐이고 그 등기명의인은 회복등기절차에 있어서 이해관계인이 아니다. **(암47)**

ⓐ **순위 1번의 저당권등기를 회복함**에 있어서 그 저당권의 말소등기 전에 설정등기한 순위 **2번의 저당권자**는 이해관계인이다(아니다×).

ⓐ-1 **순위 2번의 저당권등기를** 회복함에 있어서 **순위 1번의 저당권자은** 손해보는 자가 아니므로 이해관계인이 아니다(이다×).

ⓑ 순위 **1번 전세권(지상권)회복등기**시 순위 **2번 전세권자(지상권자)는** 양립할 수 없는 경우이므로 이해관계인이 **아니다**(이다×).

ⓑ-1 순위 **2번의 소유권이전등기를 회복**함에 있어서 순위 **3번으로 이전등기를 경료한 소유권의 등기명의인은** 양립이 가능한 것이 아니므로 이해관계인이 아니다(이다×).

⑤ 말소회복등기시 **종전의 순위와** 효력(회복등기순위×)을 회복한다.

⑤-1 위조된 근저당권해지증서에 의해 1번 근저당권등기가 말소된 후 2번 근저당권이 설정된 경우, 말소된 1번 근저당권등기가 회복되더라도 2번 근저당권이 우선한다(×).

⑥ 저당권등기가 불법말소된 후 저당권설정자가 소유권을 제3자에게 이전한 경우의 저당권말소회복등기의 **등기의무자는 저당권설정자(말소당시의 소유자)이다.**

⑦ **전부**말소회복등기는 **주등**기(부기등기×) 형식으로 행하여지고, **일부**말소회복등기는 **부기**등기(주등기×)로 행하여 진다(**암48 전주, 일부**).

❷❹ 가등기 ★	①공동(원칙), ②단독(가+권리자) ㉠의무자+승낙서 ㉡가등기가처분명령 (부동산소재지 법원)	③가+말소(공동원칙) ④가+말소(단독) ㉠가등기명의인(인감첨부) ㉡가등기의무자or이해관계 인도+가등기명의인의승낙시	⑤×: 검인,실거래가ㅋ액,농취증 ⑥○: 토지거래 허가서	⑦본등기금지 가처분× ⑧처분제한의 가등기× ⑨보존등기가등기× ⑩물권적청구권가등기× ⑪종기부,해제조건부×	⑫갑구 or 을구	⑬ 주 (소+이) or 부기 (전+이)

① 가등기는 가등기권리자와 가등기의무자가 **공동으로** 신청한다.

①-1 부동산 임차권의 이전청구권을 보전하기 위한 가등기는 허용된다.

①-2 근저당권 채권최고액의 변경등기청구권을 보전하기 위해 가등기를 할 수 있다.

② ㉠ 가등기권리자는 **가등기의무자의 승낙서를** 첨부하여 단독으로 신청할 수 있다(없다×)

  ㉡ 가등기권리자는 가등기를 명하는 **부동산 소재지**(신청인주소지×) 법원의 **가등기가처분명령이** 있는 경우에는 **단독**(법원의 촉탁×)으로 가등기를 신청할 수 있다(없다×)

  ㉡-1 가등기를 명하는 가처분명령은 가등기권리자의 **주소지를 관할하는** 지방법원이 할 수 있다(×)

  ㉡-2 가등기를 명하는 법원의 가처분명령이 있는 경우, 등기관은 **법원의 촉탁**에 따라 그 가등기를 한다(×)

  ㉡-3 가등기가처분명령에 의하여 이루어진 가등기의 말소는 통상의 가등기 말소절차에 따라야 하며, 「민사집행법」에서 정한 가처분 이의의 방법으로 가등기의 말소를 구할 수 없다.

③ 가등기말소는 공동으로 신청한다.

④ ㉠ **소유권의 가등기명의인은** 인감을 첨부하여 단독으로 가등기말소를 신청할 수 있다. (없다×)

  ㉡ **가등기의무자는 가등기명의인의 승낙을** 받아 단독으로 가등기의 말소를 신청할 수 있다.(없다×)

  ㉡-1 가등기에 관하여 **등기상 이해관계 있는 자도 가등기명의인의 승낙**을 받아 단독으로 가등기의 말소를 신청할 수 있다(없다×)

⑤ **검인계약서, 실거래가액, 농지취득자격증명서**는 가등기시에 첨부하지 않고 **본등기시에** 첨부한다.

⑥ **토지거래허가서는** 가등기시(본등기시×)에 첨부한다. **(암20)**

⑥-1 가등기 신청시 그 가등기로 보전하려고 하는 권리를 신청 정보의 내용으로 등기소에 제공할 필요는 있다(없다×)

⑦ **가등기이전금지 가처분등기는** 등기할 수 **있지만**(없지만×), 가등기에 기한 **본등기를 금지하는 가처분등기는** 할 수 **없다**(있다×) 제29조 2호다. **(암51: 본, 처, 보, 물은 가등기×)**

⑦-1 가등기에 기한 본등기를 금지하는 취지의 가처분등기의 촉탁이 있는 경우, 등기관은 이를 각하하여야 한다.

⑧ **가등기에 대하여 가압류도 가능**하지만(불가능×), **처분제한등기(가압류)의 가등기는** 할 수 **없다**(있다×)

⑨ 소유권**보존**등기의 가등기는 할 수 **없다**(있다×)

⑨-1 사인증여로 인하여 발생한 소유권이전등기청구권을 보전하기 위한 가등기는 할 수 있다. (없다×)

⑩ **채권적 청구권**(소유권이전등기청구권)을 보전하기 위한 가등기는 할 수 **있지만**(없지만×), **물권적 청구권**(=등기원인이 무효로 인한 소유권말소등기청구권)을 보전하기 위한 가등기는 할 수 **없다**(있다×)(제29조 2호).

⑩-1 가등기에 의하여 보전된 **소유권이전청구권을 양도한** 경우, 그 청구권의 이전등기는 가등기에 대한 **부기등기**로 한다.

⑩-2 가등기에 의하여 순위 보전의 대상이 되어 있는 **물권변동청구권이 양도된** 경우, 그 가등기상의 권리에 대한 **이전등기**를 할 수 있다.

⑪ **시기부, 정지조건부청구권을** 보전하기 위한 가등기는 할 수 **있지만**(없지만×), **종기부, 해제조건부청구권을** 보전하기 위한 가등기는 할 수 **없다**(있다×)

⑪-1 가등기에 의하여 보전하려는 **청구권이 장래에 확정될 것인** 경우에도 가등기를 할 수 있다. (없다×)

⑫ **소유권이전**청구권보전가등기는 **갑구**에 행하여지고, **지상권**청구권보전가등기는 **을구**(갑구×)에 행하여진다.

⑬ 가등기는 본등기형식에 따라 **주등기 또는 부기등기로** 할 수 있다.

⑬-1 **소유권이전**청구권보전가등기나, 전세권**설정**청구권보전가등기는 **주등기**(부기등기×)로 행하여지고, 전세권**이전**청구권보전가등기는 **부기**등기(주등기×)로 행한다.

⑭ 가등기를 마친 후에 가등기권자가 사망한 경우, 그 상속인은 **상속등기를 할 필요 없이** 상속을 증명하는 서면을 첨부하여 가등기의무자와 공동으로 본등기를 신청할 수 있다.

❷⑤가→ 본등기 ★	①권리자: 가등기권리자 or 가등기이전받은자 ②의무자: 가등기의무자 (제3취득자×)	③중간처분등기 직권말소 ㉠소유권: 대부분 직권말소 단,ⓐ가등기전,ⓑ해당가등기목적가처분등기× ㉡용익권→용익권만 직권말소 ㉢저당권은 직권말소 없다	×: 토지거래허가서 ○: 검인,실거래가 액,농취증,본등기 필증	④자기지분만 : ○ ⑤1인→ 전원명의×	⑥㉠본등기순위 : 가등기순위 ㉡물권변동효 력: 본등기시

① 가등기에 기한 본등기권리자는 **가등기권리자 또는 가등기를 이전받은 자**이다.

② 가등기목적물의 소유권이 가등기 후에 제3자에게 이전된 경우, 가등기에 의한 **본등기신청의 등기의무자는 가등기 의무자이다**(제3취득자×).

②-1 乙이 甲소유 토지에 대한 소유권이전청구권을 보전하기 위하여 가등기를 한 후 甲이 그 토지를 丙에게 양도한 경우, 乙의 본등기청구의 상대방은 甲(丙 ×)이다.

③ 가등기에 기한 본등기를 하면 가등기와 본등기 사이에 행하여진 등기로서 본등기와 **양립할 수 없는 등기는** 직권말소한다.

③-1 **소유권이전**등기청구권보전 가등기에 의한 본등기를 한경우, 등기관은 그 가등기 후 본등기 전에 마친 등기 **전부**를 직권말소한다(×).

　　㉠ **소유권이전청구권가등기에** 기하여 본등기를 하는 경우 가등기후 본등기 전의 **저당권설정등기는 직권으로** 말소된다(말소 안 된다×)

　　　ⓐ **소유권**이전청구권가등기에 기하여 본등기를 하는 경우 **가등기 전**(가등기권자에게 **대항**할 수 있는 임차권등기) 완료된 저당권설정등기에 기하여 임의경매 신청등기는 **직권말소 않는다**(말소된다×)(**암50: 전, 해당은 직권말소×**).

　　　ⓑ **소유권**이전청구권가등기에 기하여 본등기를 하는 경우 가등기 후 본등기 전에 완료된 **해당 가등기의 처분제한등기(가압류, 가처분)은** 직권말소되지 **않는다**(말소된다×).

　　㉡ **임차권**설정등기청구권보전 가등기에 의한 본등기를 마친 경우, 등기관은 가등기 후 본등기 전에 가등기와 **동일한 부분에 마친 부동산용익권** 등기를 직권말소한다(말소 안된다×).

　　㉡-1 **지상권의** 설정등기청구권보전 가등기에 의하여 지상권 설정의 본등기를 한 경우, 가등기 후 본등기 전에 마쳐진 **저당권설정등기는** 등기관이 직권으로 말소되지 **않는다**(말소한다.×)

　　㉢ **저당권**설정청구권가등기에 기하여 본등기를 하는 경우 당해 가등기 후 본등기 전에 완료된 동일범위의 **저당권설정등기는** 직권말소되지 않는다.(말소된다×)

ⓒ-1 **저당권**설정등기청구권보전 가등기에 의한 본등기를 한경우, 등기관은 가등기 후 본등기 전에 마친 제3자 명의의 **부동산용익권** 등기를 직권말소 할 수 없다.

④ 하나의 가등기에 관하여 여러 사람의 가등기권리자가 있는 경우에 그 중 일부의 가등기권리자가 **자기의 지분만에** 관하여 본등기를 신청할 수 **있다.** (없다×) (암27)

⑤ 하나의 가등기에 관하여 여러 사람의 가등기권자가 있는 경우, 그중 **일부의 가등기권자는** 공유물보존행위에 준하여 **가등기 전부에** 관한 본등기를 신청할 수 **없다.**(있다×)

⑥ 본등기의 순위는 가등기 순위에 의하나, 물권변동의 효력은 본등기시(가등기시×)에 발생한다.

⑥-1 가등기에 기한 본등기의 실체법상 효력은 가등기한 날로 소급하지 않고 본등기시에 발생한다.

⑥-2 가등기 후에 제3자 명의의 소유권이전등기가 이루어진 경우, 가등기에 기한 본등기가 이루3 지면 본등기는 제3자 명의 등기에 우선한다.

⑦ 가등기 후 본등기의 신청이 있는 경우, **가등기의 순위번호를 사용**하여 본등기를 하여야 한다.

⑧ 가등기권리자가 가등기에 의한 본등기로 소유권이전등기를 하지 않고 별도의 소유권이전등기를 한 경우, 가등기 후에 본등기와 저촉되는 중간등기가 없다면 가등기에 의한 본등기를 할 수 없다.

⑨ 소유권이전청구권 가등기에 기하여 본등기를 하는 경우, 등기관은 그 **가등기를 말소하는 표시를 하**여야 한다(×).

⑩ 소유권이전등기청구권 보전을 위한 **가등기가 마쳐진** 부동산에 처분금지가처분등기가 된 후 본등기가 이루어진 경우, 그 본등기로 가처분채권자에게 대항할 수 있다.

⑪ 소유권이전등기청구권 보전을 위한 **가등기가** 있으면 소유권이전등기를 청구할 어떤 법률관계가 있다고 **추정된다**×

㉖규약상공용부분등기(농인정)★	집합건물등기: ①객관적: 구조상+이용상 주관적: 소유자의 의사					
	②소유명의인의 단독신청	③직권: 공용부분의말소등기	④취득자 = 소+보존	⑤이해관계인승낙서○	⑥전유건물+표제부에 (공용부분이라는 뜻 기재)	주등기

① 구분건물의 등기는 구조상+이용상 독립성이 있더라도 **소유자의 구분건물로서 등기의 의사가** 있어야 한다.

①-1 상가건물도 일정한 요건을 갖춘 경우에는 구분점포마다 각각의 소유권보존등기를 할 수 있다.

② 「집합건물의 소유 및 관리에 관한 법률」 **공용부분(共用部分)이라는 뜻의 등기는** 소유권의 등기명의인이 **단독**으로 신청(공동×)하여야 한다.

②-1 구분건물에 관한 등기를 함에 있어서 복도나 계단은 구분소유권의 목적으로 등기할 수 없다.

③ 공용부분이라는 뜻을 정한 규약을 폐지한 경우에 **공용부분이라는 뜻의 등기의 말소등기는** 등기관이 **직권**(취득자의 신청×)으로 말소한다.

④ 공용부분이라는 뜻을 정한 규약을 폐지함에 따라 **공용부분의 취득자가 소유권보존등기**(소유권이전등기×)를 신청하는 경우에는 규약의 폐지를 증명하는 정보를 첨부정보로서 등기소에 제공하여야 한다.

⑤ 규약상 공용부분 등기시 **이해관계인이 있으면** 승낙서가 필요하다.

⑥ 규약상 공용부분의 등기는 갑구, 을구는 두지 않고, **전유건물(1동건물×)의 표제부만** 두며, 표제부에 공용부분이라는 뜻을 기록한다.

㉗대지권등기	신청	㉠101동건물+표제부 : 대지권의 목적인 토지의표시(소재,지 번, 지목, 면적등)	주등기
		㉡전유건물+표제부 : 대지권의표시(대지권종류, 비율)	

㉠ 대지권등기시 **1동 전체 표제부 하단에는** 대지권의 목적인 **토지의 표시**(소재, 지번, 지목, 면적 등)(대지권의 표시×)에 관한 사항을 기록하여야 한다. (암39 : 1토)

㉡ 대지권등기시 **전유부분 표제부 하단에는** 대지권의 표시(**대지권의 비율, 대지권의 종류**)(토지의 표시×)에 관한 사항을 기록하여야 한다. (암39: 전권)

㉢ 1동의 건물에 속하는 구분건물 중의 일부만에 관하여 소유권보존등기를 신청하는 경우에는 그 나머지 구분건물에 관하여는 **표시에** 관한 등기를 **동시에** 신청하여야 한다.

㉣ 구분건물로서 그 대지권의 변경이 있는 경우에는 구분건물의 소유권의 등기명의인은 1동의 건물에 속하는 다른 구분건물의 소유권의 등기명의인을 **대위하여 대지권의 변경등기를** 신청할 수 있다.

㉤ **대지권에** 대한 등기로서 효력이 있는 등기와 '대지권의 목적인 토지의 등기기록 중 해당 구에 한 등기'의 순서는 **접수번호에** 따른다.

㉥ 1동의 건물을 구분한 건물의 경우, 1동의 건물에 속하는 전부에 대하여 1개의 등기기록을 사용한다.

㉦ **구분건물에 대한 등기사항증명서의 발급에** 관하여는 <u>1동의 건물의 표제부와</u> **해당(전체×)** <u>전유부분</u>에 관한 등기기록을 1개의 등기기록으로 본다.

대지권등기 후 처분의 일체성★	① 건물만 소+이,저당×, ② 건물만 전세, 임차 ○
	③ 토지 : ⓐ 소유권 = 대지권: 소+이전×, 저당권×, ⓑ 지상,전세○
	ⓒ 지상권 = 대지권: 지상+이전× ⓓ 소+이○

① 대지권을 등기한 건물의 등기부에는 그 **건물만에 관한 소유권이전의 등기**하지 **못한다.**(할 수 있 다×) (암40~)

①-1 구분건물의 등기기록에 대지권이 등기된 후 건물만에 관해 저당권설정계약을 체결한 경우, 그 설정계약을 원인으로 **건물만에 관한 저당권설정등기를** 할 수 없다.

①-2 대지권등기 후 건물소유권에 대한 등기를 하였다면, 그 등기는 건물만에 한한다는 뜻의 부기가 없는 한 대지권에 대하여도 동일한 효력을 가진다.

①-3 구분건물의 전유부분과 대지사용권의 분리처분금지에 위반한 등기를 신청한 경우 제29조 2호의 각하사유이다.

② 대지권을 등기한 건물의 등기부에는 그 **건물만에 관한 전세권설정등기**는 할 수 **있다**(없다×)

③ ⓐ **토지의 소유권이** 대지권인 경우 그 뜻의 등기를 한 때에는 그 토지의 등기부에 **소유권이전의 등기를 하지 못한다**(할 수 있다×)

ⓐ-1 **토지의 소유권이 대지권인** 경우 토지의 등기기록에 대지권이라는 뜻의 등기가 되어 있더라도, 그 토지에 대한 새로운 저당권설정계약을 원인으로 하여, **그 토지의 등기기록에 저당권설정등기를** 할 수 없다.

ⓑ **토지의 소유권이** 대지권인 경우 그 뜻의 등기를 한 때에는 그 토지의 등기부에 **지상권설정등기를 할 수 있다**(없다×)

ⓒ **토지의 지상권이 대지권인** 경우에는 토지등기부에 **지상권이전등기를 할 수 없다**(있다×)

ⓓ **토지의 지상권이 대지권인** 경우에는 토지등기부에 **소유권이전등기(저당권설정등기)를 할 수 있다**(없다×)

㉘대지권이 있다는 뜻의 등기	① 직권(관공서 촉탁×)	②토지등기부+ ③해당구(ⓐ갑구=소유권이 대지권이라는 뜻 ⓑ을구=지상권이 대지권이라는 뜻), 표제부×		주등기
㉙별도 등기 있다는 뜻의 등기	직권		전유건물+표제부에	주등기

① 등기관이 구분건물의 대지권등기를 하는 경우에는 **직권**(건축물대장 소관청의 촉탁×)으로 대지권의 목적인 토지의 등기기록에 소유권, 지상권, 전세권, 또는 임차권이 **대지권이라는 뜻을** 기록하여야 한다. (**암41: 토, 해, 직, 주** 글래)

② 건물의 등기기록에 대지권의 등기를 한 경우, 그 권리의 목적인 토지의 등기기록 중 **해당구(표제부×)에 대지권이라는 뜻을** 등기하여야 한다.

    ⓐⓑ 소유권이 대지권이라는 뜻의 등기는 갑구에 행하여지고, 지상권이 대지권이라는 뜻의 등기는 을구에 행하여진다.

㉚가압류 등기	①관공서 촉탁 (채권자신청×)	②금전채권보전 ㉡등기부에 청구금액기록	③우편가능, ④거래주체로서 공동신청가능 ⑤대장과등기부의 표시불일치시: 수리함 ⑥×: 등기필정보,인감	⑦㉠공유지분: ○, ㉡합유지분×, 부동산일부× ⑧갑구: 소유권 가압류, 을구: 전세권 가압류 ⑨주: 소유권 가압류, 부기: 소유권이외 권리 가압류

① **가압류등기나 가압류말소등기는** 관공서(채권자의 신청×)의 **촉탁으로** 행하여진다.

    ㉠ 관공서 또는 법원의 촉탁으로 실행되어야 할 **등기를 신청한 경우** 제29조 2호의 각하사유이다.

①-1 가압류가 등기된 부동산에 대하여는 소유권이전등기를 신청할 수 있다(없다×)

①-2 등기된 임차권에 대하여는 가압류등기를 할 수 있다.

② 부동산에 대한 가압류등기의 경우, **금전채권을** 기재한다.

③ 관공서가 촉탁정보 및 첨부정보를 **우편으로** 촉탁할 수 있다(없다×)

④ 관공서가 부동산에 관한 거래의 주체로서 등기를 촉탁할 수 있는 경우라 하더라도 촉탁에 의하지 아니하고 등기권리자와 등기의무자가 **공동으로** 신청할 수도 있다(없다×)

⑤ 관공서가 등기를 촉탁하는 경우에는 등**기기록과 대장상의 부동산의 표시가 부합하지 아니하더라도** 그 **등기촉탁은** 수리(각하×)하여야 한다.

⑥ 등기의무자의 권리에 관한 **등기필정보를 제공할 필요가 없으며,** 관공서가 촉탁에 의하지 아니하고 법무사 또는 변호사에게 위임하여 등기를 신청하는 경우에는 등기필정보를 제공하지 않는다.

⑦ ㉠ 부동산의 **공유지분에** 대해서도 가압류, 가처분등기가 **가능**하다(불가능하다×)

    ㉡ **합유지분이나 부동산의 일부에** 대한 가압류, 가처분은 **불가능**하다(가능하다×)

⑧ **소유권에 대한** 가압류, 가처분등기는 갑구에 행하여지고, **소유권 이외의 권리에 대한** 가압류, 가처분은 을구(갑구×)에 등기된다.

⑨ **소유권에 대한** 가압류, 가처분등기는 **주등기(부기등기×)로** 행하여지고, 소유권 이외의 권리(=전세권)에 대한 **가압류,** 가처분은 **부기**등기(주등기×)로 한다.

⑩ 관공서가 상속재산에 대해 체납처분으로 인한 압류등기를 촉탁하는 경우, **상속인을 갈음하여 상속으로 인한 권리이전의 등기를** 함께 촉탁할 수 있다(없다×).

⑪ **법원은** 수탁자 해임의 재판을 한 경우, 지체 없이 신탁 원부 기록의 변경등기를 등기소에 **촉탁**(신청×)하여야 한다.

⑫ 촉탁에 따른 등기절차는 법률에 다른 규정이 없는 경우에는 **신청에 따른** 등기에 관한 규정을 준용한다.

❸가처분 등기★	①관공서 촉탁 (채권자신청×)	②물건등 특정물채권보전 (피보전권리) ⓛ청구금액기록×	③소유권 가처분 후 소유권이전등기등 : 가처분권자의 단독 신청말소 ⓛ용익권가처분 후 → 용익만 단독말소 ⓒ저당권가처분 후 → 단독말소 없음 ④해당 가처분등기 : 직권말소

① 처분금지가처분등기는 **관공서(채권자 신청×)의 촉탁**으로 행하여진다.

①-1 처분금지가처분이 등기된 부동산에 대하여는 소유권이전등기(지상권설정등기)를 신청할 수 있다(없다×)

② 부동산에 대한 처분금지가처분등기는 **금전채권이 기록되지 않고**(기록되고×) **피보전권리가** 기록된다.

③ 소유권처분금지 가처분등기가 된 후, 가처분 채무자를 등기의무자로 하여 소유권이전등기를 신청하는 가처분채권자는 그 **가처분등기 후에 마쳐진 등기를 단독신청**(직권×)으로 말소등기를 신청할 수 있다.

③-1 처분금지가처분등기가 된 후, 가처분채무자를 등기의무자로 하여 소유권이전등기를 신청하는 가처분채권자는 그 가처분등기 후에 마쳐진 등기 **전부**의 말소를 단독으로 신청할 수 있다(×)

③-2 가처분채권자가 가처분등기 후의 등기말소를 신청할 때에는 "가처분에 의한 실효"를 등기원인으로 하여야 한다.

④ 가처분채권자의 말소신청에 따라 가처분등기 후의 등기를 말소하는 등기관은 **해당 가처분등기도 직권**말소(관공서촉탁말소×)하여야 한다.

❷ 주 등기 (암49) ★	①**표제부** : 부동산표시변경등기, 멸실등기 ②**甲(소유자)~乙** : ㉠소유권보존등기, ㉡소유권이전등기, ㉢소유권을 목적으로 하는(지상권설정, 저당권설정)등기, ㉣소유권에 대한 처분제한등기(압류, 가압류, 가처분, 경매 등)등기 = 저당부동산의 저당권실행을 위한 임의경매등기 ③전부말소회복등기(암48), ④권리변경등기시(이해관계인의 승낙서 첨부 **못한** 경우), ⑤말소등기, ⑥대지권이 있다는 뜻의 등기
부기 등기 ★	①**~특약등기** : ㉠환매특약등기, ㉡권리소멸약정등기, ㉢공유물분할금지특약등기 ②**乙(소유자이외자)~丙** : ㉠전세권(지상권)목적의 저당권설정등기, ㉡권리질권등기, 　　　　　　　㉢소유권이외의 권리의 이전등기(전세권이전), ㉣소유권이외의 권리의 처분제한등기(전세권에 대한 가압류) ③일부말소회복등기, ④권리변경등기시(이해관계인의 **승낙서** 첨부시)(암45), ⑤등기명의**인표시**변경등기, ⑥가등기의 이전등기

① 등기명의인의 개명(改名)한 경우에 하는 변경등기는 부기등기다.

② 공유물(共有物)을 분할하지 않기로 하는 약정의 등기는 부기등기다.

③ 지상권의 이전등기는 부기등기다.

④ 전세권을 목적으로 하는 저당권의 설정등기는 부기등기다.

⑤ 등기의 **전부가 말소된 경우 그 회복**등기는 부기등기다✕

⑥ 지상권설정등기는 주등기로 실행한다.

⑦ 환매권의 이전등기는 부기등기의 부기등기로 실행한다.

⑧ 권리변경등기는 등기상 이해관계인의 승낙을 얻으면 부기등기로 실행할 수 있다.

⑨ 1개의 주등기에 여러 개의 부기등기가 있는 경우 그 부기등기 상호간의 순위는 그 등기순서에 의한다.

⑩ 소유권 처분제한의 등기는 부기등기로 실행한다✕

⑪ 등기명의인 표시변경등기는 부기등기로 실행한다.

⑫ 권리소멸의 약정등기는 부기등기로 실행한다.

⑬ 소유권 외의 권리를 목적으로 하는 권리에 관한 등기(지상권목적의 저당권설정등기)는 부기등기로 실행한다.

⑭ 소유권 외의 권리에 대한 처분제한등기는 부기등기로 실행한다.

⑮ **부동산표시의 변경 등기**(지목변경, 면적변경등기 등)는 부기등기로 실행한다✕

⑯ **등기상 이해관계 있는 제3자의 승낙이 없으면 부기등기가 아닌 주등기로 해야 하는 것은?**
　㉠ 전세금을 9천만원에서 1억원으로 증액하는 전세권변경등기다(=근저당권에서 채권최고액 증액의 변경등기다)

⑰ 환매특약등기는 부기등기로 실행한다.

⑱ 저당부동산의 **저당권실행을 위한 경매개시결정등기는** 부기등기로 실행한다✕

⑲ 등기상 이해관계 있는 제3자의 승낙이 있는 경우, 권리의 변경등기는 부기등기로 실행한다.

⑳ 부동산 멸실등기는 주등기 실행한다.

㉑ 소유권이전등기는 주등기로 실행한다.

㉒ 토지분필등기는 부기등기로 실행한다✕

㉓ 부동산의 표시변경등기 등 표제부의 등기는 부기등기로 실행한다.

※각종 권리별 첨부정보 제공

	① 검인 계약서	② 실거래 가액등기	③ 등기필 정보	④ 인감증명 정보	⑤ 주소증명 등기	⑥ 대장정보	⑦ 도면정보	⑧ 토지거래 허가서
①소유권 보존	×	×	×	×	○	○	1필지- 수개건물	×
②소유권이전	계약, 판결서	매매	○매매 유증 / ×상속, 유증	○매매 유증 / ×상속, 유증	○	○	×	대가+ 소유권 이전(가)
③용익권 (저당권)설정	×	×	○	○	○	×	일부에 용익권 등기	지상권 설정 이전(가)
④용익권 (저당권)변경	×	×	○	O증액 ×감액	×	부동산 표시변경	×	×
⑤용익권 (저당권)말소	×	×	○	×	×	멸실등기	×	×
⑥용익권 (저당권)이전	×	×	○	×	○	×	×	×
암기	계나 소나	매매, 계, 소	공동+ (승소) 의무자	공동+ 의무자 =소유자	보, 설, 이, 추, 가	대, 변, 보, 실, 이	도면, 일, 보	대, 소 상, 가

① **검인**-**계약**을 원인으로 하는 **소**유권이전등기시 제공

② **실거래가액 등기**-**매매 계**약서에 의한 **소**유권이전등기시 제공

③ **등기필정보**-㉠**공동**으로 신청하는 등기, ㉡**승소**한 **의무자**가 단독으로 신청하는 경우에 제공

④ **인감증명정보**-㉠**공동**으로 신청하는 등기에서 등기의무자의 것이고, ㉡등기**의무자가 소유자** 일때 제공

⑤ **주소증명정보**-**주소**증명정보는 ㉠소유권**보존**등기, ㉡각종**설정**등기, ㉢각종권리의 **이전**등기시 에 제공

⑥ **대장정보**-**대장** 제공 등기는 ㉠부동산**변경**등기, ㉡소유권**보존**등기, ㉢**멸실**등기, ㉣소유권**이전** 등기

⑦ **도면정보**-㉠**도면**은 **일부**에 대한 **용익권,** ㉡1필지에 수개건물 소유권**보존**등기시에 제공

⑧ **토지거래허가서**-토지거래허가서는 **대가**(유상) + **소유권**이전, **지상권설**정이전, **가**등기시에 제공

법 제29조	각하사유	실행된 경우
01호	사건이 그 등기소의 <u>관할이</u> 아닌 경우	당연무효 직권말소 이의신청
02호	**사건이 등기할 것이 <u>아닌</u> 경우**	
03호	신청할 <u>권한이 없는 자</u>가 신청한 경우 (<u>무권대리인의 신청</u>, 당사자능력이 없는 자의 신청)	실체관계와 부합하면 **유효** 직권말소× 이의신청×
04호	방문신청규정에 따라 등기를 신청할 때에 당사자나 그 대리인이 **<u>출석</u>하 지** 아니한 경우	
05호	<u>신청정보</u>의 제공이 대법원규칙으로 정한 **방식**에 맞지 아니한 경우	
06호	<u>신청정보</u>의 부동산 또는 등기의 목적인 권리의 표시가 <u>등기기록</u>과 일치 하지 아니한 경우	
07호	<u>신청정보</u>의 <u>등기의무자(등기권리자×)</u>의 표시가 **<u>등기기록</u>**과 일치하지 아니한 경우. 다만, 포괄승계인(상속인)이 등기신청을 하는 경우는 제외 한다.	
08호	<u>신청정보</u>와 **<u>등기원인</u>**을 증명하는 정보가 일치하지 아니한 경우	
09호	등기에 필요한 **<u>첨부정보를 제공하지 아니한</u>** 경우(<u>위조서류 제출</u>등)	
10호	<u>취득세</u>, 등록면허세 또는 수수료를 내지 아니하거나 등기신청과 관련하 여 다른 법률에 따라 부과된 **의무를 이행**하지 아니한 경우	
11호	<u>신청정보 또는 등기기록</u>의 **<u>부동산의 표시</u>**(등기명의인표시×)가 토지대장 ・임야대장 또는 건축물대장과 일치하지 아니한 경우	

(2) 절차법상(등기법상) 허용되지 않는 경우(제29조 2호)★

① <u>등기능력 **없는** 물건 또는 권리</u>에 대한 등기를 신청한 경우

   (1) 등기할 수 없는 물권: ㉠터널,교량 ㉡가설건축물, ㉢주유소 캐노피, ㉣관광용 수상호텔선박 등

   (2) 등기할 수 없는 권리: ㉠점유권, ㉡부동산 유치권, ㉢동산질권등

② <u>법령에 **근거가 없는** 특약</u>사항의 등기를 신청한 경우

   (지상권양도금지특약은 각하사유, 단 전세권양도금지특약은 등기가능)

③ 구분건물의 전유부분과 대지사용권의 분리처분 금지에 위반한 등기를 신청한 경우

④ <u>농지를 (전세)권설정의 목적으로</u> 하는 등기를 신청한 경우(농지 지상권, 농지 저당권은 가능)

⑤ 저당권을 피담보채권과 분리하여 양도하거나, 피담보채권과 분리하여 다른 채권의 담보로 하는 등기
   를 신청한 경우

⑥ <u>일부 (지분)에 대한 소유권 (보존)등기</u>를 신청한 경우(단, 1인이 전원명의 보존등기는 가능함)

⑦ 공동상속인 중 일부가 <u>자신의 상속지분만에 대한 (상속)등기</u>를 신청한 경우 (단, 1인이 전원명의의
   상속등기는 가능함)

⑧ 관공서 또는 법원의 **촉탁**으로 실행되어야 할 등기를 <u>**신청한 경우**</u>(채권자의 신청에 의한 <u>가압류등기</u>)

⑨ 이미 보존등기된 부동산에 대하여 **다시 보존등기**를 신청한 경우

⑩ 그 밖에 신청취지 자체에 의하여 **법률상 허용될 수 없음이 명백한 등기**를 신청한 경우
   *소유권이전등기신청과 <u>동시</u>에 신청하지 아니한 환매특약의 등기

이의 신청 절차

(1) **요건**	등기사무와 관련하여 등기관의 <u>부당한 처분</u>이나 결정으로 불이익을 받은 자는 관할 <u>법원</u> <u>에</u> 이의신청을 할 수 있다.
(2) **이의 신청** **사유**	㉠ <u>각하</u>에 대해서는 이의신청을 하는 데에는 <u>제한이 없으나</u>(법 제29조 제1~11) 모두 가능 ㉡ <u>실행</u>에 대해서는 법 제29조 제1호(관할위반의 등기), 제2호(사건이 등기할 것이 아닌 때)에 해당되는 경우에만 등기를 말소하라는 <u>이의신청을 할 수 있으며</u>, 제3호 이하의 각하사유를 간과하고 등기가 실행되어 실체관계에 부합하는 한 유효하므로 이의신청 을 할 수 없다.
(3) **처분의** **판단시점**	㉠ 등기관의 결정 또는 처분이 부당한지의 여부는 그 결정 또는 처분을 한 시점으로 판단함 ㉡ 따라서 ㉂로운 사실이나 새로운 증거방법을 근거로 이의신청을 할 수는 없다.
(4) **이의신청** **절차**	① 이의신청자가 등기상 이해관계 있는 자일 것 　㉠ <u>각하결정</u>: 등기신청인(권리자+의무자)(이해관계인×) 　㉡ 등기가 실행된 경우: 등기신청인 + 이해관계인도 ② 채권자가 채무자를 대위하여 경료된 등기가 채무자의 신청에 의하여 말소된 경우에는 　그 말소처분에 대하여 <u>채권자</u>는 등기상이해관계인으로서 이의신청을 <u>할 수 있다.</u> ③ <u>상속인이 아닌 자</u>는 상속등기가 위법하다고 하여 이의신청을 할 수 <u>없다.</u> ④ <u>저당권설정자</u>는 저당권양수인과 양도인 사이의 저당권이전의 부기등기에 대하여 이의 　신청을 할 수 <u>없다.</u> ⑤ 이의신청은 서면으로 한다(㉂두로도 할 수 <u>없다</u>) ⑥ 이의신청은 당해 등기관을 감독하는 관할지방법원에 대하여 하지만, <u>이의신청서</u>는 당 　해 <u>등기소</u>(지방법원×)에 제출 암기:~꼭 합격하㉂㉂ ⑦ 이의에는 ㉂행정지(執行停止)의 효력이 <u>없다.</u> ⑧ 이의신청의 ㉂간에는 제한이 <u>없다.</u>
(5) **이의신청에** **대한 조치**	① 등기각하처분(소극적 부당)에 대한 이의 신청시 　㉠ 이의가 이유 <u>없다고</u>(있다고×) 인정한 때에는 3일 이내에 의견을 붙여서 사건을 관 　　할지방법원에 송부 　㉡ 이의가 이유 있다고 인정한 때에는 해당하는 처분(등기실행처분) ② 지방법원의 조치 　㉠ 결정 전의 조치 　　관할 지방법원은 이의신청에 대하여 결정하기 <u>전에</u>(후에×) 등기관에게 가등기 또 　　는 이의가 있다는 뜻의 부기등기를 명령할 수 있다.

공시법 암기 + 문제포함　**99**

● 등기법 암기사항

● **1장 등기총칙**

1. ⓗ ⓨ이 엄마는 등기 ⓐ 된다(제29조 2호다)

⇨ ⓗ천은 ⓨ익권(지상권,지역권,전세권,임차권)등기를 할 수 없다

문제	1

하천법상 하천에 대하여 등기할 수 있는 등기는?

① 저당권설정   ② 지상권설정

③ 전세권설정   ④ 임차권설정

⑤ 지역권설정

정답 ①

2. 종국등기의 효력은

⇨ ⓜ ⓢ ⓓ ⓗ ⓒ ⓙ이다.

① (ⓜ)권변동적효력,

② (ⓢ)위확정적효력,

③ (ⓓ)항력,

④ (ⓗ)등기저지력,

⑤ 권리(ⓒ)정력,

⑥ (ⓙ)유적효력이 있다

3. 대항력

ⓘ,ⓢ,ⓗ,~ⓨ은 대항력이 발생하는 등기이다

① ⓘ차권등기, ② ⓢ탁등기, ③ ⓗ매등기,

④ ~ⓨ정(특약)은 등기하면 제3자에게 대항(=주장)할 수 있다

4. 등기의 순위는

⇨ ⓓ ⓢ, ⓑ ⓙ이다

① 같은구(= ⓓ)구에서 한 등기의 순위는 ⓢ위번호에 의하고

② 다른구(= ⓑ)구에서 한 등기의 순위는 ⓙ수번호에 의한다

5. 대지권등기의 순위는

⇨ (대)(접)이다

건물등기부의 (대)지권에 대한 등기로서의 효력이 있는 등기와 대지권의 목적인 토지등기부 중 해당 구에 한 등기의 순서는 (접)수번호에 의한다

문제 2

등기한 권리의 순위에 관한 다음 설명 중 옳지 않은 것은?

① 동일한 부동산에 관하여 등기한 권리의 순위는 법률에 다른 규정이 없는 때에는 등기의 순서에 의하여 정하여진다.

② 등기의 순서는 등기부 중 같은구(동區)에서 한 등기에 대하여는 순위번호에 의하고, 다른구(별區)에서 한 등기에 대하여는 접수번호에 의한다.

③ 구분건물에서 (대)지권에 대한 등기로서 효력 있는 등기와 대지권의 목적인 토지의 등기기록 중 해당 구에 한 등기의 순서는 순위번호에 의한다.(접)

④ 부기등기의 순위는 주등기의 순위에 의하고 부기등기 상호간의 순위는 그 순서에 의한다.

⑤ 가등기에 기하여 본등기를 한 때에는 본등기의 순위는 가등기의 순위에 의한다.

정답 ③

● **2장 등기소와 등기부**

6. 관할등기소의 지정권자는

⇨ (지)(상)열 이다

관할등기소 중복시에 관할의 (지)정권자는 (상)급법원장이다

7. 등시사무의 정지 or 등기사무 위임권자는

⇨ (정),(대),(위)이다

등기사무(정)지권자와 등기사무(위)임권자는 (대)법원장이다

7-1. 법원행정처장은

⇨ (무),(인),(전자)다

① (무)인발급기 설치권자

② (인)터넷 열람(발급)

③ (전자)신청(인터넷 등기신청)의 유형은 법원행정저장이 정한다

등기소의 관할에 관한 설명으로 옳지 않은 것은?

① 지방법원장은 등기소에서 등기사무를 정지하여야 하는 사유가 발생하면 기간을 정하여 등기사무의 정지를 명령할 수 있다.

② 대법원장은 어느 등기소의 관할에 속하는 사무를 다른 등기소에 (위)임하게 할 수 있다.

③ 등기사무는 등기소에 근무하는 법원서기관·등기사무관·등기주사 또는 등기주사보 중에서 지방법원장이 지정하는 자가 처리한다.

④ 무인발급기 설치권자는 법원행정처장이다.

⑤ 등기소 관할의 (지)정은 (상)급법원장이 이를 한다.

정답 ①

8. 표제부에 없는 등기사항 ★

⇨ (표),(접)네는 (무)와 (부),(추),(가) 없다

(표)제부에는, ①(접)수번호, ②(무)효등기의유용, ③(부)기등기, ④권리(추)정력, ⑤(가)등기는 인정되지 않는다.

9. 등기부등 장부의 보존기간

⇨ ① 영구히 → ∼(부)(夫), 등기(부),폐쇄등기(부), (공)동담보목록, (매)매목록, (신)탁원부, (도)면등 (광의의등기(부))

② (10)년→ ∼ (장)(풍)

③ (5)년 : (신청)정보∼

④ 1년 → 각종통지부

다음은 등기부의 보존기한이다. 틀린 것은?

① 등기부, 공동담보목록, 매매목록, 도면-영구 보존

② 결정원본편철장, 이의신청서편철장-10년 보존

③ 신탁원부, 신청정보 기타 부속서류편철장- 5년 보존

④ 각종 통지부-1년 보존

⑤ 보존기간이 종료된 장부 또는 서류는 지방법원장의 인가를 받아 보존기간이 종료되는 연도의 다음 연도 3월 말까지 폐기한다.

정답 ③

10. 등기사항 증명서 발급시

⇨ (공) (매) (신) (도) 신청시 발급한다

(공)동담보목록, (매)매목록, (신)탁원부, (도)면은 등기사항증명서 발급신청시에 신청하는 뜻의 표시가 있는 경우에만 발급한다.

● **3장 등기절차 총론**

11. (가압),(가처),(경매),(임명)은 관공서 촉탁등기다

① (가압)류등기(가압류말소등기)

② 처분금지 (가처)분등기

③ (경매)기입등기

④ (임)차권(명)령등기는 관공서(법원)의 촉탁으로 행하여지는 등기이다

11-1. 등기관이 직권으로 말소하는 등기

⇨ ① 29조 1,2호((관할)(아닌))직권말소

② (본+중+직)   ③ (말+이+직),   ④ (수용+직)   ⑤ (환매+행사+직)

⑥ (해당가처분+직)등기는 직권말소된다

① (= 29조1호((관할)위반),)2호(사건이 등기할 것이 (아닌) 경우)가 실행된 경우의 말소등기

② 가등기에 의한 (본)등기시에 가등기 후 본등기전의 양립불가능한 (중)간처분의 등기의 말소등기

③ (말)소등기시 (이)해관계인의 등기 = 전세권말소시 전세권을 목적으로 하는 저당권의 말소등기)

④ 토지(수용)으로 인한 소유권이전등기를 함에 있어서 수용일개시이후의 소유권이전등기의 말소 및 수용의 개시전후를 불문한 (소)유권(외)의 권리(근저당권등)에 관한 말소등기

⑤ (환매)권 (행사)에 의한 권리취득등기후의 환매특약의 말소등기

⑥ 가처분등기후 가처분권자가 승소하여 소유권이전등기를 신청하는 경우의 (해당가처분)등기의 말소등기는 등기관이 직권으로 말소한다

문제 5

다음 중 등기관이 직권으로 등기할 수 없는 것은?

> ㉠ 공동상속인중 자기지분만에 관한 상속등기가 경료된 경우, (아닌)
>
> ㉡ 가등기에 기한 본등기시 본등기와 양립이 불가능한 중간처분등기의 말소등기
>
> ㉢ 전세권을 말소하는 경우 그 권리 위에 존재하는 저당권의 말소등기 : (말+이+직)
>
> ㉣ 환매권 행사에 의한 권리취득등기후의 환매특약의 말소등기
>
> ㉤ 등기의무자의 소재불명으로 인한 제권판결을 받은 경우의 말소등기
>
> ㉥ 등기의무자의 인감증명정보가 위조서류에 의한 것임이 발견된 경우

① ㉤, ㉥   ② ㉠, ㉣   ③ ㉡, ㉢

④ ㉤   ⑤ ㉥

정답 ①

● 등기신청적격자

---

12. (읍면)에 있는 (민조),(태아),(학교)는 등기 당사자능력(등기신청 적격)이 없다

① (읍,면)리,동   ② (민)법상 (조)합   ③ (태아)   ④ (학교)는 등기신청적격이 없다

문제 6

등기당사자 능력에 관한 설명으로 옳은 것은? (다툼이 있으면 판례에 따름)   28회

① 지방자치단체도 등기신청의 당사자능력이 인정되므로 읍면도 등기신청적격이 인정된다.

② 민법상 조합은 직접 자신의 명의로 등기를 신청한다.

③ 태아로 있는 동안에는 태아의 명의로 대리인이 등기를 신청한다.

④ 사립학교는 설립주체가 누구인지를 불문하고 학교 명의로 등기를 신청한다.

⑤ 법인 아닌 사단은 그 사단의 명의로 대표자나 관리인이 등기를 신청한다.

정답 ⑤

문제 7

부동산등기법상 등기의 당사자능력에 관한 설명으로 틀린 것은?   32회

① 법인 아닌 사단(社團)은 그 사단 명의로 대표자가 등기를 신청할 수 있다.

② 시설물로서의 학교는 학교 명의로 등기할 수 없다.

③ 행정조직인 읍,면은 등기의 당사자능력이 없다.

④ 민법상 조합을 채무자로 표시하여 조합재산에 근저당권 설정등기를 할 수 있다.

⑤ 외국인은 법령이나 조약의 제한이 없는 한 자기 명의로 등기신청을 하고 등기명의인이 될 수 있다.

정답 ④

13. 등기권리자와 등기의무자

(증)(권)(권), (감)(권)(의)

① 전세금(저당권)(증)액변경등기에서 전세(권)(저당권)자는 등기(권)리자이고, 전세권(저당권)(감)액
변경등기에서 전세(권)(저당권)자는 등기(의)무자이다

문제 8

등기신청인에 대한 설명이다. 옳지 않은 것은?

① 저당권설정등기의 경우 저당권자가 등기권리자이다.
② 저당권말소등기의 경우 저당권자는 등기의무자이다.
③ 전세권증액변경등기의 경우 전세권자는 등기권리자이다.
④ 전세권감액변경등기의 경우 전세권자는 등기의무자이다.
⑤ 甲 소유로 등기된 토지에 설정된 乙 명의의 근저당권을 丙에게 이전하는 등기를 신청하는 경우,
등기의무자는 丙 이다.

정답 ⑤

14. 단독으로 신청하는 등기 :

⇨ ①(신) ②(보) ③(상)은 단독신청이다

　　④(이판)사(수) ⑤(표) ⑥(멸실)은 단독신청이다

　　⑧(혼) ⑨(사)가 ⑩(불명)은 단독신청 말소다

① (신)탁등기 = 신탁등기의 말소등기

② 소유권(보)존등기 = 보존등기의 말소등기

③ (상)속등기 = 법인의 합병(분할)로 인한 소유권이전등기
　 *유증에 의한 소유권이전등기는 공동신청이다
　 *상속인(=포괄승계인)에 의한 등기는 공동신청이다

④ 확정된 이행판결에 의한 등기

④-1 토지 (수)용으로 인한 소유권이전등기
　 *재결실효시 소유권말소등기는 공동신청이다

⑤ 부동산 (표)시변경등기(분필,할필등기)

⑥ 등기명의인(표)시변경등기
　 *권리변경등기는 공동신청이다

⑦ (멸실)등기

⑧ (혼)동으로 소멸한 권리의 말소등기 단독

⑨ (사)망하면 소멸한다는 특약의 말소등기 단독

⑩ 소재(불명)시의 단독으로 말소등기한다

14-1. ①권변호사 ②유증은 공동신청이다

① 권리변경등기(전세금증감변경등기)는 공동신청이다

② 유증(포괄,특정)에 의한 소유권이전등기는 공동신청이다

문제 9

단독으로 등기신청할 수 있는 것을 모두 고른 것은? (단, 판결 등 집행권원에 의한 신청은 제외함) 32회

> ㉠ 가등기명의인의 가등기말소등기 신청
>
> ㉡ 토지를 수용한 한국토지주택공사의 소유권이전등기 신청
>
> ㉢ 근저당권의 채권최고액을 감액하는 근저당권자의 변경등기 신청 (권변)
>
> ㉣ 포괄유증을 원인으로 하는 수증자의 소유권이전등기 신청

① ㉠   ② ㉠, ㉡

③ ㉡, ㉢   ④ ㉠, ㉢, ㉣

⑤ ㉡, ㉢, ㉣

정답 ②

문제 10

다음 중 단독으로 신청하는 등기에 관한 설명으로 틀린 것을 모두 고른 것은? ★ 28회

> ㉠ 이행판결에 의한 등기는 승소한 등기권리자 또는 등기의무자가 단독으로 신청할 수 있다.
>
> ㉡ 토지수용을 원인으로 하는 소유권이전등기를 하는 경우, 등기권리자는 그 목적물에 설정되어 있는 근저당권설정등기의 말소등기를 단독으로 신청하여야 한다. (수용+직)
>
> ㉢ 등기명의인표시의 변경등기는 해당 권리의 등기명의인인 단독으로 신청할 수 있다.
>
> ㉣ 말소등기 신청시 등기의 말소에 대하여 등기상 이해관계있는 제3자의 승낙이 있는 경우, 그 제3자 명의의 등기는 등기권리자가 단독신청으로 말소한다. (말+이+직)
>
> ㉤ 등기의무자가 소재불명으로 제권판결을 받으면 등기권리자는 그 사실을 증명하여 단독으로 등기를 말소할 수 있다. (혼)(사)(불명)

① ㉠, ㉢   ② ㉠, ㉣

③ ㉡, ㉤   ④ ㉡, ㉣

⑤ ㉢, ㉤

정답 ④

문제 11

등기권리자와 등기의무자가 공동으로 등기신청을 해야 하는 것은? (단, 판결 등 집행권원에 의한 등기신청은 제외함)
35회

① 소유권보존등기의 말소등기를 신청하는 경우
② 법인의 합병으로 인한 포괄승계에 따른 등기를 신청하는 경우
③ 등기명의인표시의 경정등기를 신청하는 경우
④ 토지를 수용한 사업시행자가 수용으로 인한 소유권이전등기를 신청하는 경우
⑤ 변제로 인한 피담보채권의 소멸에 의해 근저당권설정등기의 말소등기를 신청하는 경우

정답 ⑤

● 등기신청정보의 임의적 기록사항

15. ㉮ ㉯ ㉰ ㉱ ㉲ 등기신청정보의 임의적 기록사항이다

  (= 등기원인에 약정이 있는 경우의 등기부에 기록사항이다)

① ~약정,(특약)

② 지상권에서의 지료

③ 임차권에서의 임차보증금

④ 저당권에서의 이자(근저당권×)

⑤ 변제기간,(근저당권×)

⑥ 존속기간은

  신청정보나 등기부의 임의적 기록사항이다

문제 12

각종 권리의 설정등기에 따른 필요적 기록사항으로 옳은 것을 모두 고른 것은?
24회

> ㉠ 지상권 : 설정목적과 범위, 자료
> ㉡ 지역권 : 승역지 등기기록에서 설정 목적과 범위, 요역지
> ㉢ 전세권 : 전세금과 설정범위
> ㉣ 임차권 : 차임과 존속기간
> ㉤ 저당권 : 채권액과 이자

① ㉠
② ㉡, ㉢
③ ㉡, ㉣, ㉤
④ ㉠, ㉢, ㉣, ㉤
⑤ ㉠, ㉡, ㉢, ㉣, ㉤

정답 ②

문제 **13**

용익권의 등기에 관한 설명으로 틀린 것은?   28회

① 지상권설정등기를 할 때에는 지상권설정의 목적을 기록하여야 한다.

② 지역권설정등기를 할 때에는 지역권설정의 목적을 기록하여야 한다.

③ 임차권설정등기를 할 때에 등기원인에 임차보증금이 있는 경우, 그 임차보증금은 등기사항이다.

④ 임차권설정등기를 신청할때에는 차임을 신청정보의 내용으로 제공하여야 한다.

⑤ 저당권의 존속기간은 등기할 수 없다.

정답 ⑤

문제 **14**

다음 중 등기원인에 약정이 있더라도 등기기록에 기록할 수 없는 사항은?   35회

① 지상권의 존속기간   ② 지역권의 지료

③ 전세권의 위약금   ④ 임차권의 차임지급시기

⑤ 저당권부 채권의 이자지급장소

정답 ②

15-1.필요적 기재사항

⇨ ① (목),(범) : 지상권과 지역권에서 (목)적과 (범)위는 필요적 기록사항이다

② (전),(범) : 전세권에서 (전)세금(전전세금)과 (범)위는 필요적 기재사항이다

③ (차),(범) : 임차권에서 (차)임과 (범)위는 필요적 기재사항이다

④ (채),(채),(권) : 저당권에서 (채)권액,(채)무자,(권)리의 표시(=전세권목적 저당권설정등기시)는 필요적 기재사항이다

⑤ 환(대)(비) : 환매특약등기에 있어서 매매(대)금과 매매(비)용은 필요적 기록사항이다

16. 등기필정보(등기필증)를 제공하는 등기

⇨ 등기필정보는 (공) (승+의)시 제공한다

등기필정보(= 등기필증)는 ①(공)동으로 신청하는 등기와 ②(승)소한 등기(의)무자가 단독으로 신청하는 경우에만 제공한다

16-1. 등기필정보(= 등기필증)를 제공하지 않는 등기

⇨ (환)(관)과 (승권) 이 (단독)은 등기필정보를 제공하지 않는다.

① (환)매등기,

② (관)공서의 촉탁등기

③ (단독)신청등기

④ (승)소한 등기(권)리자의 판결에 의한 등기시에는 등기필정보를 제공하지 않는다.

문제 15

등기의무자의 권리에 관한 등기필정보의 제공에 관한 설명으로 틀린 것은?

① 상속등기를 신청하는 경우에는 등기필정보를 제공할 필요가 없다. (단독)

② 유증을 원인으로 하는 소유권이전등기를 신청할 경우에도 등기필정보를 제공하여야 한다. (공동)

③ 소유권보존등기신청시에는 등기필정보를 제공하지 않는다. (단독)

④ (승)소한 등기(의)무자가 등기를 신청하는 경우에는 등기필정보를 제공할 필요가 없다.

⑤ (승)소한 등기(권)리자가 등기를 신청하는 경우에는 등기필정보를 제공할 필요가 없다.

정답 ④

문제 16

등기소에 제공해야 하는 부동산등기의 신청정보와 첨부정보에 관한 설명으로 틀린 것은?　35회

① 등기원인을 증명하는 정보가 등기절차의 인수를 명하는 집행력 있는 판결인 경우, 승소한 등기의 무자는 등기신청시 등기필정보를 제공할 필요가 없다.

② 대리인에 의하여 등기를 신청하는 경우, 신청정보의 내용으로 대리인의 성명과 주소를 제공해야 한다.

③ 매매를 원인으로 소유권이전등기를 신청하는 경우, 등기의무자의 주소 또는 사무소 소재지를 증명 하는 정보를 제공해야 한다.

④ 등기상 이해관계 있는 제3자의 승낙이 필요한 경우, 이를 증명하는 정보 또는 이에 대항할 수 있는 재판이 있음을 증명하는 정보를 첨부정보로 제공해야 한다.

⑤ 첨부정보가 외국어로 작성된 경우에는 그 번역문을 붙여야 한다.

정답 ①

● 등기필정보의 작성(=통지)

16-2.등기필정보를 작성(=통지)하는 등기

⇨ (승권)아 (보) (설) (이),(추) (가)돼야 등기필정보를 작성(통지)하나 (변) (말)은 작성·통지 안 한다

① (승)소한 등기(권)리자가 등기를 신청하는 경우

①-1 권리를 (보)존, (설)정, (이)전하는 등기를 하는 경우

② 권리자를 (추)가하는 경정 또는 변경등기 갑,을 공유로 경정하는 경우나 합유자가 추가되는 합유 명의인표시변경 등기 등)를 하는 경우

③ 위 ①의 권리의 설정 또는 이전청구권 보전을 위한 (가)등기를 하는 경우는 등기필정보를 작성하 지만

ⓐ (변)경등기

ⓑ (말)소등기는 작성하지 않는다

등기관이 등기완료후 등기필정보를 작성 통지하는 경우에 해당하지 않는 것은? ★

① 소유권(보)존등기, 전세권(설)정등기

② 소유권(이)전등기, 근저당권(이)전등기

③ 권리자를 (추)가하는 경정 또는 변경등기(甲 단독소유를 甲·乙 공유로 경정하는 경우나 합유자가 추가되는 합유명의인표시변경등기 등)를 하는 경우

④ 소유권이전청구권보전의 (가)등기, 지상권설정청구권보전의 가등기

⑤ 근저당권증액 변경등기 및 근저당권말소등기

정답 ⑤

● 등기신청시 첨부정보

17. 검인계약서를 제공하는 등기

⇨ (계)나 (소)나 검인 받는다.

검인은 (계)약을 원인으로 하는 (소)유권이전등기시에 제공한다.

2021년에 사인(私人)간 토지소유권이전등기 신청시, 등기원인을 증명하는 서면에 검인을 받아야 하는 경우를 모두 고른 것은?   32회

㉠ 임의경매	㉡ 진정명의 회복
㉢ 공유물분할합의((계))	㉣ 양도담보(계)약
㉤ 명의신탁해지약정((계))	

① ㉠, ㉡   ② ㉠, ㉢

③ ㉡, ㉣   ④ ㉢, ㉤

⑤ ㉢, ㉣, ㉤

정답 ⑤

18. 실거래가액등기

⇨ (매)나 (계)나 (소)나 실거래가액등기한다.

(매)매 (계)약서에 의한 (소)유권이전등기시에 실거래가액등기를 한다.

거래신고필증과 매매목록에 대한 설명이다. 옳지 않은 것은?   32회 변형

① 2020년에 체결된 부동산 (매)매 (계)약서를 등기원인을 증명하는 정보로 하여 (소)유권이전등기를 신청하는 경우에는 거래가액을 신청정보의 내용으로 제공하여야 한다.

② 매매목록은 거래신고의 대상이 되는 부동산이 2개 이상인 경우나 1개의 부동산에 관한 여러 명의 매도인과 여러 명의 매수인 사이의 매매계약인 때에는 작성하고, 그 매매목록에는 거래가액과 목적부동산을 적는다.

③ 양도담보계약에 의한 소유권이전등기를 신청하는 경우에는 검인을 받아야 한다.

④ 등기원인이 매매라 하더라도 등기원인증서가 판결·조징조서 등 매매계약서가 아닌 때에는 실거래가액등기대상이 아니다.

⑤ 매매계약서를 등기원인증서로 제출하면서 소유권이전등기가 아닌 소유권이전청구권 가등기를 신청하는 경우에도 실거래가액등기를 하여야 한다.

정답 ⑤

19. 인감증명정보를 제공하는 등기

⇨ 인감은 (공동) + (의무) = (소유)다

인감증명정보는 (공동)으로 신청하는 등기에서 등기(의무)자 것이고, 의무자가 (소유)자일 때 원칙적으로 제공한다

19-1. (증)(인)

⇨ 전세권(저당권)(증)액변경등기시에 (인)감증명정보를 제공하여야 한다.

등기의무자의 인감증명이 필요 없는 등기신청은?

> ㉠ 계약해지로 인한 근저당권말소등기
> ㉡ 매매계약에 의한 소유권이전등기
> ㉢ 전세금 증액으로 인한 전세권변경기((증)(인))
> ㉣ 소유권이전청구권보전의 가등기의 말소등기
> ㉤ 소유권보존등기
> ㉥ 근저당권설정등기

① ㉠, ㉥   ② ㉡, ㉢   ③ ㉣, ㉥
④ ㉤, ㉥   ⑤ ㉠, ㉤

정답 ⑤

20. 토지거래허가정보를 제공하는 등기

⇨ (대) (소) (상) (가) 는 토지거래허가다

　　토지거래허가서는 (대)가(＝유상) ＋ (소)유권이전, 지(상)권설정,이전+ (가)등기시에 제공한다

21. (주소)증명정보를 제공하는 등기

⇨ (보) (설) (이), (주소)

　　(주소)증명정보는

　　① 소유권(보)존등기,

　　② 각종(설)정등기(전세권설정,저당권설정등기등)

　　③ 각종권리의 (이)전등기시에 등기권리자의 주소증명정보를 제공한다(단, 소유권이전등기시에는

　　　등기권리자＋등기의무자 모두의 주소증명정보를 제공한다)

22. 토지(건출물)(대)장등본을 제공하는 등기

⇨ (대) (변)(보)(실)(이)

　　토지대장등본을 제공하는 등기는

　　① 부동산(변)경등기, ② 소유권(보)존등기, ③ 멸(실)등기, ④ 소유권(이)전등기이다.

23. 도면을 제공하는 등기

⇨ (도면) (일),(보)

　　(도면)은 부동산의 (일)부에 대한 용익권(지상,지역,전세,임차권등기)과 소유권(보)존등기(1필지에

　　수개건물보존등기, 구분건물(보)존등기)시에 제공한다.

문제 21

등기를 신청하는 경우에는 첨부정보로서 등기소에 제공하여야 하는 것이 아닌 것은?

① 부동산의 일부에 대한 지상권설정등기시 지적도면을 제공하여야 한다.

② 소유권이전등기를 신청하는 경우에는 토지대장·건축물대장 정보나 그 밖에 부동산의 표시를 증
　명하는 정보를 제공하여야 한다.

③ 말소등기시 이해관계인의 승낙정보를 제공하여야 한다.

④ 저당권설정등기시 주소증명정보를 등기소에 제공하여야 한다.

⑤ 토지거래허가정보는 (소)유권과 지(상)권에 관한 계약만이 허가대상이므로 가등기에 기한 본등기시
　에 허가정보를 제공하여야 한다. (가)

정답 ⑤

24. 부동산등기용 등록번호 부여기관

⇨ ㉰㉰이가 ㉤㉰를 ㉠㉠카드로 사서 ㉥㉰하기 위해 ㉡㉰ 해야 등기용등록번호가 부여된다. ★

① ㉰가, 국제기관, 지방자치단체, 외국정부는 ㉰토교통부장관이 지정고시한다.

② ㉤인은 그 ㉰된 사무소소재지의 등기관이 부여한다.

③ ㉠법인 사단, 재단 은 ㉠장, 군수, 구청장이 부여한다.

④ ㉥외국민은 ㉥법원소재지를 관할하는 등기관이 부여한다.

⑤ ㉡국인은 ㉡입국관리소장이 부여한다.

문제 22

주민등록번호가 없는 등기권리자에 대한 부동산등기용 등록번호의 부여방법으로 틀린 것은? ★

① ㉰가, 국제기관 및 외국정부 − 행정안전부장관이 지정·고시한다. ㉰

② 법인 − 주된 사무소소재지 관할 등기소의 등기관이 부여한다.

③ 비법인 사단이나 재단 − 시장, 군수, 구청장이 부여한다.

④ 주민등록번호가 없는 제외국민 − 대법원소재지를 관할등기소의 등기관이 부여한다.

⑤ 외국인 − 체류지를 관할하는 지방출입국 또는 외국인관서의 장이 부여한다.

정답 ①

● 각하사유

25. 부동산의 일부 및 공유지분에 가능한 등기

	㉤익권(지상, 지역, 전세, 임차)	소유권이전(가압류, 가처분)저당권설정
부동산의 ㉰부	○	×
공유 ㉤분(1/3)	×	○

(㉰, ㉤엄마는 등기 가능하나, ㉤, ㉤엄마는 등기 ㉤ 된다)

즉, 부동산의 ㉰부(안방만)는 (㉤익권=지상, 지역, 전세, 임차권)이 가능하나, 공유㉤분에 대한 ㉤익권은 할 수 없다.

그러나 저당권, 소유권이전(가압류, 가처분)은 반대다.

즉 (부동산의 일부)만 팔 수(소유권이전등기) 없고, 저당권설정등기는 할 수 없으나 공유지분은 팔 수(소유권이전등기) 있고, 저당권설정등기 할 수 있다.

25-1. 등기가 가능한 등기와 불가능한 등기

㉠ 용익권(=지상, 지역, 전세, 임차권)이 등기가능하면 나머지 권리(=저당권, 소＋이전, 가압류, 가처분, 경매, 가등기)는 등기 불가능이다.

㉡ 용익권이 등기 불가능하면, 나머지 권리는 등기가 가능하다

26. (공)(지)는 (보이)나,(합)(지)는 (보이)지 (않)다

㉠ (공)유(지)분은 등기부에 기록되므로(보이)므로) 소+이전, 저당권, 가압류, 가처분 가능하나

㉡ (합)유(지)분은 등기부에 (보이)지 (않으)므로 소+이전, 저당권, 가압류, 가처분이 불가능하다.

문제 23

부동산의 일부나 권리의 일부에 대하여 등기할 수 있는 사항은?

① 건물의 일부에 대한 소유권 이전　　② 토지의 지분에 대한 지상권 설정

③ 토지의 공유지분에 대한 가처분　　④ 건물의 일부에 대한 저당권 설정

⑤ 토지의 합유지분에 대한 가압류

정답 ③

---

27. 자기 지분만 가능한 등기와 불가능한 등기

⇨ (전원)(보)(상)은 가능하나, (지분)만,(보),(상)은 (안) 되고, (지분)만 (가),(유)는 된다.

① 공동소유자나 공동상속인 중 1인이 (전원)명의의 (보)존등기나 (상)속등기는 가능하나.

② 자기(지분)만에 대한 소유권(보)존등기와 (상)속등기는 (안)되고,

③ 자기 (지분)만에 대한 (가)등기에 기한 본등기, (유)증에 의한 소유권이전등기 가능하다.

	(보)존등기, (상)속등기	(가)등기에 기한 본등기 (유)증에 의한 소유권이전
(지분)만	×	○

문제 24

부동산등기법 제29조 제2호의 '사건이 등기할 것이 아닌 때'에 해당하는 것은?

> ㉠ 일부 공유자의 자기 지분만에 대한 보존등기
> ㉡ 공동상속인 甲(갑)과 乙(을)중 甲(갑)이 자신의 상속지분만에 대한 상속등기를 신청한 경우
> ㉢ 공동가등기권자 중 일부의 가등기권자가 자기의 지분만에 관하여 가등기에 기한 본등기를 신청한 경우
> ㉣ 여러 명의 포괄적 수증자 중 1인이 신청한 자기지분만의 유증에 의한 소유권이전등기
> ㉤ 공유자 중 일부가 전원명의의 소유권보전등기
> ㉥ 공동상속인중 일부 전원명의 상속등기

① ㉠, ㉡　　② ㉢, ㉣　　③ ㉤, ㉥

④ ㉢　　⑤ ㉥

정답 ①

27-1. (무대),(위조),(신청)정보~는 ① 제29조 3호이하의 각하사유이므로 등기가 실행된 경우

② 유효한 등기이고, ③ 직권말소되지 않으며, ④ **이의신청대상도 아니다**

① ⓐ 권한이 없는 자의 등기신청((무)(권)(대)리인 신청)

  ⓑ 첨부정보를 제공하지 않은 경우((위조)서류제공)

  ⓒ (신청)정보가 대법원규칙의 방식에 위반시은 제29조3호 이하의 각하사유이다

② 따라서 실체관계 부합하면 유효한 등기이고,

③ 직권으로 말소되지 않으며

④ 등기가 실행된 경우 이의신청대상도 아니다

문제 25

부동산등기법 제29조 제2호의 '사건이 등기할 것이 아닌 경우'에 해당하는 것을 모두 고른 것은? (다툼이 있으면 판례에 따름)   34회

> ㉠ 위조한 개명허가서를 첨부한 등기명의인 표시변경등기신청
> ㉡ 「하천법」상 하천에 대한 지상권설정등기신청
> ㉢ 법령에 근거가 없는 특약사항의 등기신청
> ㉣ 일부지분에 대한 소유권보존등기신청

① ㉠   ② ㉠, ㉡   ③ ㉢, ㉣

④ ㉡, ㉢, ㉣   ⑤ ㉠, ㉡, ㉢, ㉣

정답 ④

문제 26

등기신청의 각하사유로서 '사건이 등기할 것이 아닌 경우'를 모두 고른 것은?   35회

> ㉠ 구분건물의 전유부분과 대지사용권의 분리처분 금지에 위반한 등기를 신청한 경우
> ㉡ 농지를 전세권설정의 목적으로 하는 등기를 신청한 경우
> ㉢ 공동상속인 중 일부가 자신의 상속지분만에 대한 상속등기를 신청한 경우
> ㉣ 소유권 외의 권리가 등기되어 있는 일반건물에 대해 멸실등기를 신청한 경우

① ㉠, ㉡   ② ㉡, ㉣   ③ ㉢, ㉣

④ ㉠, ㉡, ㉢   ⑤ ㉠, ㉡, ㉢, ㉣

정답 ④

28. 등기가 가능한 물건은

(유)(방)(도), (비)(싸)(개)이다.

① (유)류저장탱

② (방)조제(단,방조제 부대시설물×)

③ (도)로

④ (비)각

⑤ (싸)일로

⑥ (개)방형축사(단,돈사×)는 등기가 가능한 물건이다

29. 부동산등기법상 동시에 신청하는 등기는

⇨ (환매)귀(구)(신)이다

① (환매)특약등기와 소유권이전등기

② (구)분건물소유권보존등기시 나머지 미등기구분건물의 표시등기

③ (신)탁등기와 신탁으로인한 소유권이전등기

30. 등기소에서 대장소관청(=구청)에 통지 하지 않는 등기 :

'(가)'씨는 대장소관청(=구청)에 통지 하지 않는다

① 소유권(보존,이전,변경(경정),등기명의인 표시변경,말소,말소회복등)등기은 통지하지만,

② 소유권이전(가)등기((가)압류,(가)처분)은 통지하지 않는다

● 소유권보존등기
---

31. 소유권 보존등기를 신청할 수 있는 경우

⇨ (대),(판)(수)-(시)는 보존등기할 수 있다

① 토지(대)장에 최초의 소유자로 등록되어 있는 자 또는 그 상속인, 그밖의 포괄승계인

② (판)결에 의해서 자기의 소유권을 증명하는 자

③ (수)용으로 인하여 소유권을 취득하였음을 증명하는 자

④ (시)장, 군수, 구청(자치구청장)의 서면에 의해서 자기의 소유권을 증명하는 자(건물만)

32. (대장)이 (최초)로 (포),(상) 받아 보존등기했다.

① 토지(대)장에 (최초)의 소유자로 등록되어 있는 자는 보존등기할 수 있다.

② (포)괄수증자는 보존등기할 수 있다.

③ (상)속인은 보존등기를 신청할 수 있다.

33. (시)(건)방진 자만이 보존등기를 신청할 수 있다

⇨ 특별자치도지사, (시)장, 군수, 구청장(자치구청장)의 확인 서면에 의한 소유권보존등기는 (건)물만 가능하다.

34. (법원)의 (가)(가)(경)(임)은 직권보존등기하는 사유다.

미등기부동산에 대한 ① (가)압류등기, ② (가)처분등기, ③ 강제(경)매기입등기, ④ (임)차권명령등기의 (법원)의 촉탁시 등기관이 직권으로 보존등기한다.

문제 27

다음 중 소유권보존등기 신청에 관한 설명으로 옳지 않은 것은?

① 토지(대)장, 임야대장 또는 건축물대장에 (최초)의 소유자로 등록되어 있는 자 또는 그 (상)속인, 그 밖의 (포)괄승계인(= 포괄수증자)은 소유권보존등기를 할 수 있다.

② 공유물분할 판결에 의해서 자기의 소유권을 증명하는 자는 보존등기를 신청할 수 있다.

③ 토지대장상의 소유자 표시가 공란으로 되어있는 경우, 국가를 상대로 소유권확인판결을 받은 자는 판결정본을 첨부하여 소유권보존등기를 신청할 수 있다.

④ 미등기 토지를 수용으로 인하여 소유권을 취득하였음을 증명하는 자는 보존등기를 신청 할 수 있다.

⑤ 특별자치도지사 (시)·군·구청장(자치구청장)이 발급한 사실 확인서로서 자기의 소유권을 증명하는 자는 토지의 소유권보존등기를 신청 할 수 있다.(건)

정답 ⑤

문제 28

소유권등기에 관한 설명으로 틀린 것은? (다툼이 있으면 판례에 따름)   34회

① 미등기 건물의 건축물대장상 소유자로부터 포괄유증을 받은 자는 자기명의로 소유권보존등기를 신청할 수 있다.

② 미등기 부동산이 전전양도된 경우, 최후의 양수인이 소유권보존등기를 한 때에도 그 등기가 결과적으로 실질적 법률관계에 부합된다면, 특별한 사정이 없는 한 그 등기는 무효라고 볼 수 없다.

③ 미등기 토지에 대한 소유권을 군수·시장의 확인에 의해 증명한 자는 그 토지에 대한 소유권보존등기를 신청할 수 있다.

④ 특정유증을 받은 자로서 아직 소유권등기를 이전받지 않은 자는 직접 진정명의회복을 원인으로 한 소유권이전등기를 청구할 수 없다.

⑤ 부동산 공유자의 공유지분 포기에 따른 등기는 해당지분에 관하여 다른 공유자 앞으로 소유권이전등기를 하는 형태가 되어야 한다.

정답 ③

35. 상속등기에서 협의 분할시

⇨ (전)(이), (후)(경)이다

상속등기(전)의 상속재산을 협의분할 했을 때는 소유권(이)전등기로, 상속등기 (후)의 협의분할 했을 때는 소유권(경)정등기로 행해진다.

문제 29

상속으로 인하여 상속인 甲(갑),乙(을),丙(병)명의로 상속등기가 경료된 (후) 상속인들 사이에 상속인 중 甲(갑)에게 상속재산 전체를 취득케 하는 취지의 상속재산의 분할협의가 이루어진 경우 그에 따른 등기절차를 바르게 나타난 것은?

① 협의분할로 인한 상속을 원인으로 하여 甲(갑) 명의로의 소유권경정등기를 신청하여야 한다.
② 협의분할로 인한 상속을 원인으로 하여 甲(갑) 명의로의 소유권이전등기를 신청하여야 한다.

정답 ①

36. 토지수용시 직권말소되는 않는 등기

⇨ (상) (역) 이는 직권말소되지 않는다

토지수용에 의한 소유권이전등기시 수용일 이전에 개시된 (상)속을 원인으로 하는 소유권이전등기와, 그 부동산을 위하여 존재하는 지(역)권의 등기는 직권말소되지 않는다.

문제 30

토지수용으로 인한 소유권이전등기를 하는 경우 그 토지에 있던 다음의 등기 중 등기관이 직권으로 말소할 수 없는 것은? (단, 수용개시일은 2013.4.1.일임) 24회

① 2013.2.1. 상속을 원인으로 2013.5.1.에 한 소유권이전등기
② 2013.2.7. 매매를 원인으로 2013.5.7에 한 소유권이전등기
③ 2013.1.2 설정계약을 원인으로 2013.1.8.에 한 근저당권설정등기
④ 2013.2.5. 설정계약을 원인으로 2013.2.8.에 한 전세권설정등기
⑤ 2013.5.8. 매매예약을 원인으로 2013.5.9.에 한 소유권이전청구권가등기

정답 ①

37. 환매등기

① (환) (갑)에 (부기)부기 노래불렀다

⇨ (환)매특약의 등기는 (갑)구에 (부기)등기형식으로 한다

38. 환매+행사+직

⇨ 환매권자가 환매권을 (행)사 하여 권리취득등기를 했을 때 환매특약등기는 등기관이 (직)권으로 말소한다

39. (수단)이(위대)하여 (동),(하나),를 (매),(주),(일)마다 (합)하여 신탁등기했다.

① 신탁등기와 신탁등기의 말소등기는 (수)탁자가 (단)독신청 한다.

② (위)탁자 또는 수익자는 (대)위신청할 수 있다(동시신청×).

③ 권리등기와 (동)시에 신청한다.

④ 권리등기와 (하나)의 순위번호를 사용한다.

⑤ 신탁원부는 (매) 부동산마다 제공한다.

⑥ (주)등기로 행하여진다.

⑦ 권리의 등기와 (일)괄신청한다.

⑧ 수탁자가 수인인 경우 재산 소유관계는 (합)유이다.

문제 31

신탁법에 따른 신탁의 등기에 관한 설명으로 옳은 것은?   31회

① 수익자는 수탁자를 대위하여 신탁등기를 신청할 수 없다.

② 신탁등기의 말소등기는 수탁자가 단독으로 신청할 수 없다.

③ 하나의 부동산에 대해 수탁자가 여러 명인 경우, 등기관은 그 신탁부동산이 합유인 뜻을 기록하여야 한다.

④ 신탁재산에 속한 권리가 이전됨에 따라 신탁재산에 속하지 아니하게 된 경우, 신탁등기의 말소신청은 신탁된 권리의 이전등기가 마쳐진 후에 별도로 하여야 한다. (동)

⑤ 위탁자와 수익자가 합의로 적법하게 수탁자를 해임함에 따라 수탁자의 임무가 종료된 경우, 신수탁자는 단독으로 신탁재산인 부동산에 관한 권리이전등기를 신청할 수 없다.

정답 ③

부동산등기법상 신탁등기에 관한 설명으로 옳은 것을 모두 고른 것은?   32회

> ㉠ 법원이 신탁변경의 재판을 한 경우 수탁자는 지체 없이 신탁원부 기록의 변경등기를 신청하
>   여야 한다.
> ㉡ 신탁재산이 수탁자의 고유재산이 되었을 때에는 그 뜻의 등기를 주등기로 하여야 한다.
> ㉢ 등기관이 신탁재산에 속하는 부동산에 관한 권리에 대하여 수탁자의 변경으로 인한 이전등기
>   를 할 경우에는 직권으로 그 부동산에 관한 신탁원부 기록의 변경등기를 하여야 한다.
> ㉣ 수익자가 수탁자를 대위하여 신탁등기를 신청하는 경우에는 해당 부동산에 관한 권리의 설정
>   등기의 신청과 동시에 하여야 한다.

① ㉠, ㉡   ② ㉡, ㉢   ③ ㉢, ㉣
④ ㉠, ㉡, ㉢   ⑤ ㉠, ㉢, ㉣

정답 ②

39-1. 요 직

지역권등기는 승역지 관한등기소에 신청을 하면, 요역지에의 지역권등기는 등기관이 직권으로 한다

● 구분건물에 관한 등기

39-2. 집합건물등기부의 대지권등기는

⇨ 1 토, 전 권 이다.

① 집합건물 중 1 동건물의 표제부에는 대지권의 목적인 토 지의 표시(지목, 면적 등)가 등기되어
   있고,

② 전 건물의 표제부에는 대지 권의 표시(= 대지 권의 종류와 대지 권의 비율)가 등기되어 있다.

다음 등기부중 표제부에 기록되는 사항이 아닌 것은?

① 대지권의 목적인 토지의 표시(토지의 소재, 지번, 지목, 면적)
② 대 지권이 있다는 뜻 의 등기
③ 대지권의 표시(대지권의 종류와 비율)
④ 건물의 증축등기
⑤ 규약상 공용부분인 뜻의 등기

정답 ②

40. 전유부분과 대지사용권의 일체성등기

(1) 건물만에 대한 ⓢ ⓩ ×,

    ① 대지권이 있을 때 건물등기부에 건물만에 대한 ⓢ유권이전, 소유권이전가등기, 소유권에 대한 가압류는 할 수 없다.

    ② 건물등기부에 건물만에대한 ⓩ당권설정등기는 할 수 없다.

(2) 건물만에 대한 ⓟ,ⓘ ○

    대지권이 있을 때 건물등기부에 건물만에 대한 ⓟ세권,ⓘ차권등기는 가능하다.

(3) 토지만의 ⓢ ⓢ ×, 단ⓢ,ⓩ ○

    ① 토지등기부에 ⓢ유권이 대지권인 경우 토지의 ⓢ유권이전등기는 할 수 없다.

    그러나 ⓢ유권이 대지권인 경우 토지의 ⓩ상권등 등기는 가능하다.

(4) 토지만의 ⓩ ⓩ ×, 단ⓩ,ⓢ ○

    ① 토지등기부에 ⓩ상권이 대지권인 경우 토지의 ⓩ상권 이전등기는 할 수 없다.

    그러나 ⓩ상권이 대지권인 경우 토지의 ⓢ유권이전등기는 가능하다.

* 처분의 일체성에서 용익권은 가능하나, 나머지 권리 (소+이전,저당권,가압류,가처분)는 불가능하다. 단, 용익권이 대지권인 경우는 반대다.

문제 34

구분건물의 대지권을 등기한 이후에도 실행할 수 있는 등기에 관한 설명이다. 옳지 않은 것은?　34회

① 대지권이 등기된 구분건물의 등기기록에는 건물만에 관한 ⓢ유권이전(가)등기를 할 수 없다.

② 구분건물에 대지권이 등기된 후 구분건물만에 관한 ⓩ당권설정등기를 할 수 없다.

③ 대지권이 등기된 구분건물의 등기기록에는 건물만에 관한 ⓟ세권설정등기, ⓘ차권설정등기를 할 수 있다.

④ 토지의 ⓢ유권이 대지권인 경우에 대지권이라는 뜻의 등기가 된 토지의 등기기록에는 그 토지에 관한 ⓢ유권이전등기를 할 수 없다.

⑤ 토지의 ⓢ유권이 대지권인 경우 대지권이라는 뜻의 등기가 된 토지의 등기기록에 ⓩ상권설정 등기는 할 수 없다.

⑥ 토지의 ⓩ상권이 대지권인 경우 대지권이라는 뜻의 등기가 된 토지의 등기기록에 ⓩ상권이전 등기는 할 수 없다.

⑦ 토지의 ⓩ상권이 대지권인 경우 대지권이라는 뜻의 등기가 된 토지의 등기기록에 ⓢ유권이전 등기는 할 수 있다.

정답 ⑤

41. ⓓ지권이 있다는 ⓓ의 등기는

⇨ ⓣⓗⓙ지 ⓙ 글래이다

① ⓣ지등기부에 ↔ 건물등기부×

② ⓗ당구 사항란(= 갑구,을구에) ↔ 표제부×

③ ⓙ권으로 ↔ 관공서의 촉탁×, 신청×

④ ⓙ등기로 한다 ↔ 부기등기×

42. 토지만에 별도등기 있다는 뜻의 등기

⇨ ⓑⓓ은 ⓔⓕ다

토지만에 ⓑ도등기 있다는 ⓓ의 등기는 ⓔ유건물 ⓕ제부에 등기관이 직권으로 한다.

문제 35

다음 중 구분건물등기에 관한 설명으로 옳은 것은?

① 등기관이 대지권등기를 하였을 때에는 건축물대장소관청의 촉탁으로 대지권의 목적인 토지의 등기기록에 소유권, 지상권, 전세권 또는 임차권이 대지권이라는 뜻을 기록하여야 한다. ⓙ

② 등기관이 대지권등기를 하였을 때에는 직권으로 대지권의 목적인 토지의 등기기록의 표제부에 대지권이라는 뜻을 기록하여야 한다. ⓗ

③ 대지권등기시 그 토지에 소유권 이외의 권리에 관한 등기가 있는 경우(저당권), 토지등기부에 ⓑ도의 등기가 있다는 ⓓ의 기재는 ⓔ유부분의 ⓕ제부에 한다.

④ 공용부분이라는 뜻을 정한 규약을 폐지함에 따라 공용부분의 취득자가 소유권이전등기를 신청하는 경우에는 규약의 폐지를 증명하는 정보를 첨부정보로서 등기소에 제공하여야 한다.

⑤ 대지권에 대한 등기로서의 효력이 있는 등기와 대지권의 목적인 토지의 등기기록 중 해당 구에 한 등기의 순서는 순위번호에 따른다. ⓧ

정답 ③

● 저당권등기

---

43. 근저당권의 이전등기와 변경등기는

⇨ ⓔⓖ,ⓗⓘ이다

① 근저당권의 피담보채권이 확정되기 ⓔ → ⓖ약양도,ⓖ약인수로 근저당권이전, 근저당권변경등기를 한다.

② 근저당권의 피담보채권이 확정된 ⓗ → ⓘ권양도, ⓘ무인수로 근저당권이전,근저당권변경등기가 행해진다.

문제 36

甲는 乙에 대한 근저당권자이었는 바, 甲는 피담보채권이 확정된 (후) 채권전부를 제3자 丙에게 양도하였다. 옳은 등기신청방법은?

① 甲와 丙는 계약양도를 원인으로 근저당권이전등기를 신청하였다.

② 甲와 丙는 확정채권양도를 원인으로 근저당권이전등기를 신청하였다.

정답 ②

● 변경등기

44. 토지합필(건물합병)이 가능한 권리

⇨ 합필(신) (임)(창)(용),(승)이야

① 등기사항이 동일한 (신)탁등기

② (임)차권등기

③ (창)설적공동저당(= 접수번호 동일한 저당권등기)

③ (용)익물권 = 지상권, (승)역지지역권, 전세권은 합필(합병)이 가능하다.

문제 37

건축물대장에 甲건물을 乙건물에 합병하는 등록을 2018년 8월 1일에 한 후, 건물의 합병등기를 하고자 하는 경우에 설명으로 틀린 것은?   29회

① 乙건물의 소유권의 등기명의인은 건축물대장상 건물의 합병등록이 있는 날로부터 1개월 이내에 건물합병등기를 신청하여야 한다.

② 건물합병등기를 신청할 의무있는 자가 그 등기신청을 게을리하더라도 '부동산등기법상' 과태료는 부과되지 않는다.

③ 甲건물에만 저당권등기가 존재하는 경우에 건물합병등기가 허용된다.

④ 甲건물에만 임차권등기가 존재하는 경우에 건물합병등기가 허용된다.

⑤ 등기관이 합병제한사유가 있음을 이유로 신청을 각하한 경우 지체 없이 그 사유를 건축물대장소관청에 알려야 한다.

정답 ③

45. (권)리(변)경등기시(전세금 2억 → 2억 8천으로 변경등기시) 등기형식

⇨ (권변)호사가 (승낙)하면 (부기)로 (말소)한다.

(권)리(변)경등기시

(1) 이해관계인(= 은행)의 (승낙)서 제공하면 (부기)등기로 하고 → 변경 전 사항(2억)은 (말소)한다.

(2) 승낙서 제공하지 못하면 주등기로 하고

→ 변경 전 사항(2억)은 말소 안 함

변경등기에 관한 설명으로 옳지 않은 것은?

① 부동산 표시변경이나 경정등기나 등기명의인표시변경등기는 등기의무자가 존재하지 아니하며, 이해관계인있는 제3자의 승낙서 등을 첨부정보로 제공하지 않아도 된다.

② 전세금 증액에 의한 전세권변경등기시 후 순위저당권자는 이해관계인에 해당된다.

③ 권리변경의 등기시 등기상 이해관계 있는 제3자가 있는 경우에는 그의 승낙서 또는 이에 대항할 수 있는 재판등본을 제공하여야 부기등기로 할 수 있다.

④ 권리변경등기에서 이해관계인의 승낙서를 첨부하지 못하면 등기관은 등기신청을 각하하여야 한다.

⑤ 권리의 변경등기를 부기등기로 하는 경우에는 변경 전 사항을 말소한다.

정답 ④

● 말소등기

46. 말소등기의 이해관계인(= 손해)

① ○ : 말소할 권리를 목적으로하는 등기는 말소등기의 이해관계인이다.

② × : 같은구(= 동구)의 선,후관계의 등기는 말소등기의 이해관계인이 아니다.

다음중 말소등기를 신청함에 있어서 등기상 이해관계있는 제3자에 해당하는 것을 모두 고른 것은? 29회

> ㉠ 지상권설정등기를 말소하는 경우 그 지상권을 목적으로 저당권자
>
> ㉡ 순위 2번 저당권설정등기를 말소하는 경우 순위 1번 저당권자 동구의 선,후
>
> ㉢ 순위 1번 저당권설정등기를 말소하는 경우 순위 2번 저당권자 선,후
>
> ㉣ 토지에 대한 저당권을 말소하는 경우 그 토지에 대한 지상권자 동구의 선,후
>
> ㉤ 소유권보존등기를 말소하는 경우 그 가압류채권자

① ㉠, ㉢   ② ㉠, ㉤   ③ ㉡, ㉤

④ ㉡, ㉣   ⑤ ㉢, ㉤

정답 ②

● 말소회복등기

47. 말소회복등기에서의 이해관계인

⇨ 손해보고 + 양 가만이 이해관계인이다

손해를 보고, 등기부상 양립이 가능한 자만이 말소회복등기의 이해관계인에 해당된다.

48. (전)(주),(일)(부)로 회복했다

(전)부말소회복등기는 (주)등기 형식으로

(일)부말소회복등기는 (부)기등기 형식으로 한다.

문제 40

다음 중 말소회복등기에 대한 등기상 이해관계 있는 제3자에 해당하는 것은?

① 전세권등기를 회복함에 있어서 그 전세권을 목적으로 하였던 저당권자 손해

② 후순위 전세권등기를 회복함에 있어서 선순위의 저당권자 손해

③ 순위 2번 소유권이전등기를 회복함에 있어서 순위 3번으로 이전등기를 경료한 소유권의 등기명의인 (양)(가)

④ 순위 1번 지상권등기를 회복함에 있어서 순위 2번으로 등기한 지상권자 (양)(가)

⑤ 순위 1번의 전세권등기를 회복함에 있어서 그 전세권의 말소등기 전에 설정등기를 한 순위 2번의 저당권자

정답 ⑤

● 부기등기

49. 부기등기로 하는 등기

(말),(표),(소)(甲 → 乙,)(주),

(부기) (명의)로는 (약),(소+외)(乙 → 丙)

① (말)소등기

② (표)제부의 등기

ㄱ 부동산표시변경(경정)등기(분필,합필등기)

ㄴ 멸실등기

ㄷ 대지권등기, 대지권이 있다는 뜻의 등기

③ (소)유자로부터 처음 도출 되는 등기(甲 → 乙)

ㄱ 소유권보존등기 ㄴ 소유권이전등기 ㄷ 소유권목적의 전세권(저당권)설정등기

ㄹ 소유권에 대한 처분제한등기(압류,가압류,가처분,경매는 (주)등기형식으로 행하여진다

그러나 (부기)등기로 행하여 지는 것은

① 등기(명의)인 표시변경등기

② (약)정등기 = 환매특(약)등기, = 권리소멸의 (약)정등기 = 공유물분할금지의 (약)정등기

③ 소유자로부터 2번째 도출되는 등기(乙→丙)

(소)유권 이(외)의 권리의 이전등기(= 전세권이전등기등)

④ ⓢ유권 이ⓧ의 권리를 목적으로 하는 등기

    (= 전세권(지상권)목적의 저당권등기,= 권리질권등기등)

⑤ ⓢ유권 이ⓧ의 권리에 대한 처분제한(전세권에 대한 가압류,가처분,경매)등기 등이다

문제 41

다음 중 부기 등기할 사항이 아닌 것은? 28회

① 등기명의인 표시변경등기

② 권리소멸의 약정등기

③ 소유권 외의 권리를 목적으로 하는 권리에 관한등기(지상권목적의 저당권설정등기)

④ 소유권 외의 권리에 대한 처분제한등기

⑤ 부동산표시의 변경 등기(지목변경, 면적변경등기 등)

정답 ⑤

● 가등기

50. 가등기에 기한 본등기시 직권말소되는 등기

① 소유권가등기는 → 대부분 직권말소, 단 ⓣ,ⓗ당 만 직권말소 안된다

    ㉠ 가등기 (ⓣ = 대항)에 행하여진 등기나,

    ㉡ ⓗ당 가등기를 목적으로하는 가압류, 가처분등기는 직권말소되지 않는다

② ⓤ익권(전세권등)가등기는 같은 범위의 ⓤ익권등기만 직권말소된다

③ ⓙ당권가등기는 직권말소 되는 등기가 없다

문제 42

다음중 가등기에 기한 본등기를 함에 있어서 직권 말소하는 등기는? 25회

① 소유권이전청구권가등기에 기하여 본등기를 하는 경우 가등기 ⓣ에 완료된 저당권설정등기에 기하여 가등기 후 본등기 전에 완료된 임의경매신청등기

② 소유권이전청구권가등기에 기하여 본등기를 하는 경우 가등기 후 본등기 전에 완료된 ⓗ당 가등기상의 권리를 목적으로 하는 가처분등기, 가압류등기

③ ⓘ차권설정청구권가등기에 기한 본등기를 마친 경우, 가등기와 동일한 부분에 마친 부동산 ⓤ익권등기

④ ⓙ상권설정청구권가등기에 기하여 지상권설정의 본등기를 하는 경우, 가등기 후 본등기 전에 마쳐진 저당권설정등기

⑤ ⓙ당권설정청구권가등기에 기하여 본등기를 하는 경우, 가등기 후 본등기 전에 마친 제3자명의의 부동산용익권등기

정답 ③

X토지에 관하여 A등기청구권보전을 위한 가등기 이후, B-C의 순서로 각 등기가 적법하게 마쳐졌다. B등기가 직권말소의 대상인 것은? (A, B, C등기는 X를 목적으로 함)   35회

	A		B		C
①	전세권설정	–	가압류등기	–	전세권설정본등기
②	임차권설정	–	저당권설정등기	–	임차권설정본등기
③	저당권설정	–	소유권이전등기	–	저당권설정본등기
④	소유권이전	–	저당권설정등기	–	소유권이전본등기
⑤	지상권설정	–	가압류등기	–	지상권설정본등기

정답 ④

가등기에 관한 설명으로 틀린 것은?   32회

① 가등기권리자는 가등기를 명하는 법원의 가처분명령이 있는 경우에는 단독으로 가등기를 신청할 수 있다.

② 근저당권 채권최고액의 변경등기청구권을 보전하기 위해 가등기를 할 수 있다.

③ 가등기를 한 후 본등기의 신청이 있을 때에는 가등기의 순위번호를 사용하여 본등기를 하여야 한다.

④ 임차권설정등기청구권보전 가등기에 의한 본등기를 한 경우 가등기 후 본등기 전에 마쳐진 저당권설정등기는 직권말소의 대상이 아니다. (용)

⑤ 등기관이 소유권이전등기청구권보전 가등기에 의한 본등기를 한 경우, 가등기 후 본등기 전에 마쳐진 해당 가등기상 권리를 목적으로 하는 가처분등기는 직권으로 말소한다.

정답 ⑤

51. 가등기 할 수 없는 등기

⇨ (본)(처)는 (보)(물)이라 가등기 할 수 없다.

① (본)등기금지 가처분등기 ↔가등기권리의 처분금지가처분등기 가능

② (처)분제한(= 가압류,가처분)의 가등기 ↔가등기에 대한 가압류등기 가능

③ 소유권(보)존등기의 가등기↔소유권이전청구권보전가등기 가능

④ (물)권적청구권을 보전하기 위한 가등기는 허용되지 않는다 ↔ 채권적청구권을 보전하기 위한 가등기는 가능

가등기가 허용되는 것은?

> ㉠ 가등기에 기한 본등기금지 가처분등기
> ㉡ 처분제한(= 가압류,가처분)의 가등기
> ㉢ 소유권보존의 가등기
> ㉣ 물권적청구권보전의 가등기
> ㉤ 가등기권리의 처분금지 가처분등기
> ㉥ 사인증여에 의한 소유권이전등기청구권의 가등기
> ㉦ 정지조건부청구권 보전의 가등기

① ㉤, ㉥, ㉦   ② ㉠, ㉡   ③ ㉢, ㉣
④ ㉤   ⑤ ㉠

정답 ①

51-1. 가등기 가처분⟨명령⟩은 단독이다.

가등기권리자는 가등기를 명하는 법원의 가처분⟨명령⟩이 있는 경우에는 단독으로 가등기를 신청할 수 있다.

가등기에 관한 설명으로 틀린 것은?   34회

① 가등기로 보전하려는 등기청구권이 해제조건부인 경우에는 가등기를 할 수 없다.
② 소유권이전청구권 가등기는 주등기의 방식으로 한다.
③ 가등기는 가등기권리자와 가등기의무자가 공동으로 신청할 수 있다.
④ 가등기에 기한 본등기를 금지하는 취지의 가처분등기의 촉탁이 있는 경우, 등기관은 이를 각하하여야 한다.
⑤ 소유권이전청구권 가등기에 기하여 본등기를 하는 경우, 등기관은 그 가등기를 말소하는 표시를 하여야 한다.

정답 ⑤

52. 이의신청시 (새),(집)에는 (구),(기)가 (없다)

① (새)로운 사실이나 새로은 증거로 이의신청할 수 (없다)

② (집)행정지 효력이 (없다)

③ (구)두로 할수 (없다)(서면으로 한다)

④ (기)간제한이 (없다)

문제 47

등기관의 결정 또는 처분에 대한 이의에 관한 설명으로 틀린 것을 모두 고른 것은?　31회

> ㉠ 이의에는 (집)행정지의 효력이 있다.
>
> ㉡ 이의신청자는 (새)로운 사실을 근거로 이의신청을 할 수 있다.
>
> ㉢ 등기관의 결정에 이의가 있는 자는 관할 지방법원에 이의신청을 할 수 있다.
>
> ㉣ 등기관은 이의가 이유없다고 인정하면 이의신청일로부터 3일 이내에 의견을 붙여 이의신청서를 이의신청자에게 보내야 한다.

① ㉠, ㉢　　　　　　　② ㉡, ㉣
③ ㉠, ㉡, ㉣　　　　　④ ㉠, ㉢, ㉣
⑤ ㉡, ㉢, ㉣

정답 ③

53. (~꼭합격 하(소)(서)) → 등기(소)에 이의신청(서)를 제출함

문제 48

등기관의 처분에 대한 이의신청에 관한 설명으로 틀린 것은?　34회

① 등기신청인이 아닌 제3자는 등기신청의 각하결정에 대하여 이의신청을 할 수 없다.

② 이의신청은 대법원규칙으로 정하는 바에 따라 관할 지방법원에 이의신청서를 제출하는 방법으로 한다.

③ 이의신청기간에는 제한이 없으므로 이의의 이익이 있는 한 언제라도 이의신청을 할 수 있다.

④ 등기관의 처분시에 주장하거나 제출하지 아니한 새로운 사실을 근거로 이의신청을 할 수 없다.

⑤ 등기관의 처분에 대한 이의신청이 있더라도 그 부동산에 대한 다른 등기신청은 수리된다.

정답 ②

54. ㉠ 가처분 (후 제3자등기)는 단독신청 말소,

㉡ (해당) 가처분등기는 직권말소

㉠ 「민사집행법」에 따라 소유권이전 가처분등기 이후에 된 등기로서 가처분채권자의 권리를 침해하는 제3자등기는 가처분권자가 단독신청으로 말소한다.

㉡ 처분금지가처분권리자가 승소판결에 의하여 소유권이전등기를 하는 경우 가처분권리자의 (해당) 가처분등기는 등기관이 직권으로 말소한다.

'나는 반드시 합격한다'

♧♧ 꼭꼭 합격하시길 기도 드립니다 ♣♣
♥♥♥

제36회 공인중개사 시험대비 **전면개정판**

2025 박문각 공인중개사
강철의 샘의 보물노트 **2차** 부동산공시법령

초판인쇄 | 2024. 11. 25. **초판발행** | 2024. 11. 30. **편저** | 강철의 편저

발행인 | 박 용 **발행처** | (주)박문각출판 **등록** | 2015년 4월 29일 제2019-000137호

주소 | 06654 서울시 서초구 효령로 283 서경 B/D 4층 **팩스** | (02)584-2927

전화 | 교재 주문 (02)6466-7202, 동영상문의 (02)6466-7201

저자와의
협의하에
인지생략

정가 14,000원
ISBN 979-11-7262-370-8